RECOMENDAÇÕES

Infelizmente ainda precisamos deste livro. Cinquenta e um por cento dos gerentes creem que estão fazendo corretamente o trabalho de reconhecimento e valorização de seus funcionários. Apenas 17% dos subordinados concordam com isso. Essa estatística apresentada em O ambiente de trabalho vibrante, *demonstra que necessitamos deste novo e esplêndido livro do Dr. Paul White. O autor explica por que nossa forma típica de demonstrar valorização — como os programas de reconhecimento — raramente sobrevivem ao anúncio inicial. No entanto, ele não nos deixa em suspenso e nos diz como podemos demonstrar a apreciação de maneiras que são realmente significativas para os colaboradores. Considere comprar dois exemplares, um para você mesmo e outro para seu chefe.*

—Rick Maurer
Autor de Beyond the Wall of resistance
(Além das muralhas de resistência)

Abundam conceitos errados sobre o que é necessário para criar uma equipe de trabalho saudável, bem-sucedida e engajada. Em O ambiente de trabalho vibrante, *o Dr. White desmonta esses erros com percepções baseadas em pesquisas sobre como os colaboradores são motivados. Não somente isso: este livro também explana os passos sobre como superar os obstáculos mais comuns para o engajamento dos funcionários.*

—Jack W. Bruce
Ex-presidente de SHRM-Atlanta

O ambiente de trabalho vibrante *dissipa o mito de que o envolvimento dos funcionários depende simplesmente de um programa que você compra e requer gestão para implementá-lo. Neste livro, o Dr. White esclarece sobre as melhores práticas e ferramentas para criar um caminho para uma organização saudável. Traz, também, profunda compreensão sobre maneiras de se relacionar com a equipe e de empoderá-la para que todos cresçam e criem relacionamentos construtivos.*

—Evan Wilson
Superintendente de Experiência
Meritrust Credit Union

O ambiente de trabalho vibrante *é escrito exatamente como precisamos: prático, tópico e experiencial. Como coach, entender os obstáculos para promover uma cultura de ambiente de trabalho vibrante é primordial para ajudar os clientes e suas empresas. O Dr. White traz percepções sobre como lidar com uma variedade de situações, ambientes e atitudes distintas. Explica ao leitor o que é necessário para criar passos específicos e aplicáveis e, assim, construir seu próprio ambiente de trabalho vibrante. Este livro é como ter um coach em formato de livro.*

—Dan Agne
Proprietário e Consultor-presidente
The Agne Group, LLC

Frequentemente recomendo As cinco linguagens de valorização pessoal no ambiente de trabalho *(Ed. Mundo Cristão, 2012) de Gary Chapman e Paul White em seminários e workshops em que ensino por ser é um momento "eureca" para muitas pessoas. O último lançamento de Paul White,* O ambiente de trabalho vibrante, *é uma valiosa companhia para* As cinco linguagens, *pois identifica os obstáculos comuns para melhorar a valorização no ambiente de trabalho e mostra como aplicar essas linguagens. Daqui para frente, recomendarei os dois livros.*

—Michael Lee Stallard
Palestrante, líder de workshops e autor
de *Fired up or burned out* (Demitido ou desiludido)

Durante os últimos 10 anos tenho tido a chance de trabalhar com várias empresas, e é extremamente raro encontrar uma empresa, ou até mesmo um departamento, que poderia ser descrito como "vibrante" — cheio de energia e entusiasmo. A boa-nova é que neste livro, o Dr. Paul White compartilha uma abordagem prática sobre como podemos criar o ambiente de trabalho vibrante por meio das linguagens de valorização.

—Dana McArthur
Fundador, McArthur Creative

O ambiente de trabalho vibrante *cobre o campo todo.* Quer seja uma organização que não tenha um programa estruturado de valorização e reconhecimento implementado, ou aquela que tem uma cultura de valorização florescente, o Dr. White oferece percepções e ideias práticas para atender a necessidade da força de trabalho atual de se sentir apreciado e valorizado pelas contribuições que trazem diariamente.

—Lisa Holley
Consultora de Aprendizado e
Desenvolvimento Corporativo Insperity, Inc.

Se você quiser revitalizar sua organização e ampliar o engajamento dos funcionários, este livro é um grande recurso. Em O ambiente de trabalho vibrante, *o Dr. White dá dicas e ferramentas sobre como superar os desafios práticos de implementar e manter uma cultura de valorização no ambiente de trabalho utilizando-se de formas personalizadas e efetivas de comunicar uma valorização autêntica no trabalho.*

—Jasmine Liew
Diretora de Desenvolvimento Organizacional,
Catalizadora de avanço
Singapore

Quando falamos sobre os ambientes de trabalho, os adjetivos mais comuns são: orientado a tarefas, estressante, pressão intensa. Por isso tive o prazer de ler O ambiente de trabalho vibrante, *que nos dá uma alternativa — nosso ambiente de trabalho pode ser centrado em pessoas, vibrante e envolvente! Ao compartilhar pesquisas sólidas e sua experiência pessoal, o Dr. White fornece muitas dicas e sugestões práticas sobre como construir essa cultura por meio de valorizações personalizadas e sensíveis à cultura.*

—Andrew Ma
Chorev Consultoria Internacional Ltd.
Hong Kong

Superando obstáculos para desenvolver uma cultura de valorização

O AMBIENTE de trabalho VIBRANTE

Dr. Paul White
Prefácio de GARY CHAPMAN

This book was first published in the United States by Northfield Publishing, 820 N. LaSalle Blvd., Chicago, IL 60610 with the title The Vibrant Workplace, *copyright © 2017 by Family Business Resources, Inc.. Translated by permission. All rights reserved.*

Coordenação editorial: Dayse Fontoura
Tradução: Sandra Pina
Revisão: Lozane Winter, Dayse Fontoura, Rita Rosário
Projeto gráfico e capa: Audrey Novac Ribeiro

Dados Internacionais de Catalogação na Publicação (CIP)

White, Paul
O ambiente de trabalho vibrante. Tradução: Sandra Pina – Curitiba/PR, Publicações Pão Diário. Título original: *The vibrant workplace*
1. Recursos Humanos   2. Valorização   3. Trabalho

Proibida a reprodução total ou parcial, sem prévia autorização, por escrito, da editora.
Todos os direitos reservados e protegidos pela Lei 9.610, de 19/02/1998.
Pedidos de permissão para reprodução: permissao@paodiario.org

Publicações Pão Diário
Caixa Postal 4190
82501-970 Curitiba/PR, Brasil
publicacoes@paodiario.com
www.paodiario.org
Telefone: (41) 3257-4028

Código: J8248
ISBN: 978-1-68043-351-7

1.ª edição: 2018

Impresso na China

SUMÁRIO

Prefácio 11
Introdução 13

Parte 1
Como a administração pode criar obstáculos
1. Seus líderes não estão interessados 27
2. Duas grandes perguntas que supervisores fazem 45
3. Por que programas de reconhecimento
   não funcionam? 63

Parte 2
Quando a cultura do ambiente de trabalho impede o crescimento
4. Negatividade 81
5. Sobrecarga 93

Parte 3
O desafio das diferenças
6. Configurações ímpares 109
7. Pessoas são diferentes — Mas as tratamos
   da mesma forma 137
8. A valorização pode atravessar as culturas? 159

Parte 4
Características do funcionário que pode criar problemas
9. Colegas difíceis de valorizar 175
10. Questões de desempenho: baixos resultados,
    altos resultados e tudo o que fica entre os dois 195

Comentários finais 213
FAQs 215
eBook e recursos adicionais gratuitos 225
Notas 227
Agradecimentos 231
Sobre o autor 232

PREFÁCIO

Quando Dr. Paul White e eu escrevermos o livro original, *As cinco linguagens de valorização pessoal no ambiente de trabalho* (Ed. Mundo Cristão, 2012), sabíamos que ele tinha potencial para melhorar em muito o clima emocional no ambiente de trabalho. Sabíamos disso porque passamos dois anos desenvolvendo projetos piloto em todo tipo de empresas: desde salões de beleza até empreiteiras. Vimos os índices de "satisfação no trabalho" crescerem drasticamente. Também sabíamos que quando as pessoas se sentem valorizadas são mais comprometidas com o trabalho e, consequentemente, mais produtivas.

Nos últimos anos, Dr. White tem ensinado e treinado muitos líderes de organizações sobre como obter mais sucesso em seus esforços a fim de demonstrar valorização. Muitos não sabiam a diferença entre "reconhecimento" e "valorização". Muitos pensavam genuinamente que estavam valorizando seus funcionários — mas a maioria deles não se sentia valorizada. Aqueles que estavam abertos ao uso do Inventário de Motivação por meio da Valorização para encontrar a "linguagem de valorização" principal de cada pessoa, descobriram um tremendo retorno de seus funcionários. Esses homens e mulheres expressaram abertamente como seu nível de motivação e compromisso com a companhia aumentou, em muito.

Entretanto, buscando ajudar empresas a implementar essa abordagem personalizada para expressar valorização, o Dr. White descobriu alguns obstáculos comuns à obtenção do pleno potencial do poder da valorização eficaz. O propósito deste novo livro, *O ambiente de trabalho vibrante*, é identificar esses obstáculos e dar assistência prática sobre como superar tais barreiras e criar uma cultura de valorização. Os benefícios valem o esforço.

Para aqueles que leram *As cinco linguagens de valorização pessoal no ambiente de trabalho*, esta sequência será de extrema ajuda ao navegar pelas águas da mudança positiva. Para os que não leram o livro original, este volume se provará altamente benéfico, porque *O ambiente de trabalho vibrante* fornecerá informações avançadas sobre como evitar ou superar algumas das barreiras típicas ao sucesso. Contudo, para maximizar o retorno de seu tempo investido, recomendo a leitura dos dois livros.

Aprender a implementar essas formas de expressar valorização testadas e provadas, criará um ambiente de trabalho mais positivo. Isso, por sua vez, gera maior comprometimento e produtividade entre os funcionários. O poder da valorização efetiva não pode ser subestimado.

Gary D. Chapman, PhD
Autor de *As cinco linguagens do amor*©

INTRODUÇÃO

"Vibrante": cheio de energia e entusiasmo.
Animado, vivo, energético, cheio de vida.

"Vibrante"? Um ambiente de trabalho pode ser vibrante? Atarefado, sim. Às vezes, divertido. Porém, "vibrante"? Sério? Essa é exatamente a questão: se pensarmos sobre o assunto, isso é algo que todos desejamos. Ambiente de trabalho vibrante conota energia, positividade e crescimento — características que desejamos para o ambiente onde passamos a maior parte de nossas horas despertas. Um ambiente de trabalho vibrante atrai as pessoas — funcionários de qualidade e talentosos querem trabalhar em um contexto saudável, e fazer parte do processo que exala vida. Funcionários trazem seus talentos e personalidades únicas para somar à sinergia em um espaço dinâmico de trabalho. Um ambiente de trabalho vibrante é a antítese de como muitos ambientes de trabalho são descritos: negativo, mina energia e tóxico para o crescimento.

Um ambiente de trabalho vibrante é o resultando de uma organização que tem propósito e missão claros, é alicerçada nos recursos necessários ao crescimento, e cujos membros individualmente trabalham juntos para desenvolver a empresa e produzir bens e serviços de qualidade.

Porém, para ser claro, um ambiente de trabalho vibrante não é uma organização perfeita e utópica, sem lutas ou desafios. Na verdade, ele pode existir nas mesmas condições externas que um ambiente de trabalho tóxico. Mas, de alguma forma, essa cultura em particular encontrou meios para resistir e repelir influências negativas, para treinar membros da equipe a fim de construir processos internos saudáveis, e para continuamente colocar energia positiva nos objetivos da empresa.

Como tudo isso acontece?

A FORÇA MOTRIZ

Uma organização saudável não consegue se desenvolver sem valorização autêntica — um componente vital e força motriz para que um ambiente de trabalho vibrante cresça e prospere. Por que isso é tão importante? Porque a valorização autêntica:

- afirma o valor de cada membro da organização, ajudando-o a trabalhar melhor e a desenvolver suas competências,
- comunica-se diretamente, em nível pessoal, entre os membros da equipe, e não através de mensagens indiretas impessoais comumente enviadas em um ambiente de trabalho insalubre,
- gera energia proativa no destinatário, no remetente, nos outros que estão observando e na organização como um todo,
- funciona como um "repelente" e protetor contra influências negativas que podem prejudicar os membros da comunidade,
- demonstra afirmação genuína — e não falsas exibições ou imitações baratas, e não tenta apenas parecer verdadeira,
- dá aos membros da equipe a energia e vigor para superar os obstáculos da vida profissional diária.

DERRUBANDO AS BARREIRAS

Conforme eu trabalhava com milhares de funcionários, supervisores, gerentes e profissionais de RH ao redor do mundo, ficou clara a necessidade de um recurso para ajudar líderes e organizações a criar, com sucesso, um ambiente de trabalho vibrante. A negatividade, pessimismo e ambientes tóxicos encontrados eram, inicialmente, quase opressivos. Mas descobrimos que ajudar líderes a implementar com sucesso a valorização autêntica dentro de suas organizações era a chave para a busca de um ambiente de trabalho vibrante.

Se, por um lado, muitos gerentes e diretores de RH estavam animados em aprender como criar um ambiente de trabalho mais positivo com as 5 linguagens de valorização, por outro também encontravam desafios em comum ao tentar aplicá-las. Como digo aos grupos em minhas falas: "Mudança de comportamento é difícil — tanto individual, quanto coletivamente. Caso contrário, todos seríamos esbeltos, em boa forma física e capazes de alcançar todos os objetivos que estabelecemos para nós mesmos. Mudança demanda superar obstáculos; então, para ter sucesso, você precisa identificar as barreiras em potencial e as formas de superá-las."

Seja você um presidente, diretor de RH, gerente de departamento ou um funcionário lidando com colegas de trabalho difíceis, este livro é para você. Daremos uma olhada em obstáculos que empregadores e empregados mais comumente enfrentam quando buscam implementar com sucesso o conceito de valorização autêntica no ambiente de trabalho. Identificaremos os desafios e exploraremos de onde eles vêm. Então, veremos os caminhos para transpor os obstáculos. Algumas vezes, derrubamos e *atravessamos* os obstáculos, e em outros momentos podemos encontrar uma forma de *contorná-los*, ou podemos aprender a passar *por cima* deles!

O tempo todo recebo, de gerentes e funcionários, perguntas como estas:

"Meu supervisor só quer saber de resultados — realizar tarefas e mostrar rentabilidade. O que posso fazer se ele não está interessado em valorização e não vê necessidade disso?"

"Nosso ambiente de trabalho é muito negativo e pessimista. Eles acham que o programa de reconhecimento dos funcionários é uma piada. Ninguém confia mais na gerência. Alguma coisa pode ser feita para superar tudo isso?"

"Vejo a necessidade de motivar e apoiar nossa equipe, mas todos já estão sobrecarregados. Não vejo como teremos tempo para valorizarmos uns aos outros — mal temos tempo de dizer 'oi' entre atender pacientes e cuidar da papelada. Demonstrar valorização aos outros é mesmo prático?"

Organizei os capítulos e tópicos em torno dessas e de outras frequentes questões. Minha esperança é que este livro seja acessível e tenha relação com uma ampla variedade de situações e necessidades.

O QUE QUEREMOS QUE ESTE LIVRO FAÇA POR VOCÊ

Os objetivos deste livro são:

- Equipar empregadores com as ferramentas fundamentais necessárias para criar um ambiente de trabalho vibrante através de valorização autêntica;
- Identificar, esclarecer e descrever os obstáculos mais comuns à aplicação das 5 linguagens de valorização no ambiente de trabalho;
- Fornecer uma compreensão mais profunda das questões e dinâmicas que estão por trás dos obstáculos; e

- Fornecer medidas e recursos práticos para que indivíduos possam implementar com sucesso a autêntica valorização, apesar das barreiras existentes.

O objetivo do livro *não* é refazer, revisar ou substituir o conteúdo apresentado no *As cinco linguagens de valorização pessoal no ambiente de trabalho* (Ed. Mundo Cristão, 2012). Se você ainda não leu esse *best-seller* com a explicação fundamental da importância da valorização no ambiente de trabalho, como são as 5 linguagens da valorização na vida diária, e o papel de nossa avaliação imediata, o Inventário de Motivação através da Valorização, então seria sensato comprar o livro como um volume complementar.

Este livro também não substituirá a informação, recursos e treinamento fornecidos através de nossos recursos online. Se você quiser explorar mais isso, visite www.appreciationatwork.com.

COMO USAR ESTE LIVRO

Este livro está organizado em torno das perguntas feitas por pessoas reais em ambientes de trabalho reais. Portanto, você não precisa ler o livro do início ao fim. Ao invés disso, pode escolher os capítulos relacionados aos desafios que mais o preocupam.

Os capítulos estão dispostos em uma sequência de preocupações expressas mais frequentemente, bem como de questões que são mais fundamentais. Por exemplo, se você não é capaz de enfrentar e resolver o problema de falta de apoio de seu supervisor ou gerente, as outras questões são, em grande parte, pontos sujeitos à discussão.

Sinta-se livre para escolher e buscar as partes do livro que são atualmente mais relevantes a você, e aprenda como superar tais obstáculos. Então, siga para outras áreas de interesse e desafio.

Note que escolhi escrever os capítulos utilizando uma variedade de formatos por duas razões principais. Primeiro, o conteúdo e questões mencionados em determinados capítulos são melhor abordados em formatos diferentes (como é o caso de P&R em "Configurações diferenciadas"). Segundo, acredito que a variação e mudança de ritmo da apresentação, e o estilo de pensar, torna a leitura mais interessante e cativante. (Espero que você concorde!)

Dado que as questões abordadas em cada capítulo vêm do mundo profissional real e daqueles que estão buscando ativamente a valorização autêntica em seus ambientes de trabalho, acredito que você também achará a informação relevante e útil em termos práticos em seu ambiente de trabalho.

"O SILÊNCIO É ENSURDECEDOR"

Em todo tipo de ambiente de trabalho, os funcionários são desmotivados. Não importa sua posição dentro da organização. Podem ser trabalhadores subalternos, supervisores, responsáveis por departamentos, gerentes de nível médio dentro de grandes organizações — até mesmo executivos e empresários.

E o desânimo acontece em todo tipo de configuração de trabalho: pequenos negócios, escolas, clínicas médicas, grandes fábricas, repartições governamentais, universidades, instalações de cuidados prolongados. Na verdade, não importa *onde* você trabalha. A negatividade parece estar em todos os lugares.

Por que existe tal desânimo na maioria dos ambientes de trabalho? Porque as pessoas querem ser valorizadas pelo que fazem profissionalmente. Porém, infelizmente, a maioria *não* se sente valorizada no trabalho.

A maioria de nós não quer apenas marcar o relógio ponto e receber o salário. Queremos usar nossas habilidades, instrução, experiência — quem somos — para fazer diferença. Não queremos apenas dar valorosas contribuições aos nossos patrões e clientes, mas gostaríamos que *outros* nos notassem e valorizassem também.

Andy, um contador amigo meu, disse-me: "Dou o meu melhor no trabalho. Tento ser completo e fazer as coisas corretamente. Faço meu trabalho no prazo, e estou disposto a trabalhar até mais tarde para atender aos pedidos de última hora da minha chefe. Mas nunca ouço *nada*; na verdade, o silêncio é ensurdecedor. Bem, não é bem isso. Se cometo um erro ou me atraso um pouco em alguma coisa, ela joga tudo em cima de mim. Não tenho certeza por quanto tempo mais posso aguentar isso." (Na verdade, seis meses depois ele saiu para assumir uma vaga em outra empresa.)

Numerosos estudos ao longo dos anos têm demonstrado repetidamente que esse é o caso, e fornecemos um resumo completo da pesquisa em *As cinco linguagens de valorização pessoal no ambiente de trabalho*. Contudo, permita que eu cite um exemplo representativo de um estudo feito em diversas corporações:

Embora 51% dos gerentes entrevistados em diversas companhias achem que estão fazendo um bom trabalho em reconhecer o bom desempenho dos funcionários, somente 17% dos empregados que trabalham para esses gerentes se sentem valorizados por seus supervisores.[1] Assim sendo, há uma ampla discrepância entre como se sentem os gerentes sobre o que estão fazendo para demonstrar reconhecimento e o que seus funcionários vivenciam.

Esse padrão contrasta com o que os funcionários reportam que desejam desesperadamente:

Mais de 200 mil funcionários ao redor do mundo foram entrevistados pelo *Boston Consulting Group*, e o principal motivo que eles disseram gostar de seu trabalho foi "sentir-se valorizado" (em 2.º lugar ficou o bom relacionamento com seus supervisores, e a 4ª posição foi ter um bom relacionamento com os colegas. Compensação financeira aparece apenas em 8.º lugar).[2]

Quatro em cada cinco funcionários (81%) dizem que são motivados a trabalhar mais quando seus chefes demonstram apreço por seu trabalho.[3] Você provavelmente já ouviu histórias de funcionários que guardaram por anos um bilhete manuscrito ou um e-mail que receberam de seus chefes. O que dizia o bilhete? O patrão ou supervisor agradecia pelo trabalho que fizeram, ou por alguma forma como ajudaram um cliente. Por que eles guardaram isso? Porque para eles era *ouro* — raro e valioso.

O CUSTO PARA ORGANIZAÇÕES

Quando a equipe não se sente valorizada, coisas ruins acontecem — para o funcionário individualmente, para o grupo de trabalho, e para a organização.

"Estou cheio disso", disse Thomas. "Trabalho duro, fico até tarde, respondo e-mails de casa — e nunca é o suficiente. Eles sempre querem mais — mais *de* mim. Ainda assim, nunca ouço nada positivo. Por que eu deveria continuar a 'me matar' para fazer o que eles querem quando parece que não importa? Estou farto. Vou passar a cumprir meu expediente e nada mais."

"Engajamento do funcionário" se tornou uma expressão importante no mercado de trabalho e foco de muita pesquisa. Por quê? Porque pesquisadores descobriram que quando um funcionário está ativamente engajado em sua função e ambiente de trabalho, seguem-se resultados positivos para a organização: produtividade aumentada, baixa rotatividade de pessoal, menos ociosidade, poucos acidentes, mais atenção a procedimentos e políticas. Por outro lado, o funcionário desengajado está presente fisicamente, mas mental e emocionalmente está ausente. E não é isso que você deseja de seus trabalhadores!

Um resultado natural de não se sentir valorizado é não trabalhar com tanto afinco. Por que se esforçar quando ninguém parece se importar? Outros resultados negativos ficam evidentes quando a equipe não se sente valorizada:

- Aumento de atrasos (tanto no início do dia, quanto na volta de intervalos e almoço).
- Altos índices de funcionários alegando estar "doentes" (mais de 33% dos funcionários admite alegar doença quando realmente não tem nada)[4].

- Mais resmungos e queixas provenientes dos funcionários.
- Mais dificuldade em implementar mudanças nos procedimentos, e maior nível de resistência generalizado à mudança.
- Altos índices de interações negativas ocorrem entre funcionários, tanto com os supervisores quanto com seus colegas (normalmente por causa de coisas "banais").
- Baixa avaliação de satisfação do cliente ou paciente.

Um resultado interrelacionado (e interessante): *Administradores não gostam tanto de seu trabalho quando a equipe reporta baixos níveis de valorização.* Na verdade, um estudo revelou que 81% dos empregados estão engajados apenas superficialmente com seu trabalho, ainda assim, apenas 30% estava pensando em buscar outro emprego.[5] Isso significa que *50%* — metade — dos funcionários não estava totalmente comprometida com seu trabalho, mas que não ia a lugar algum. Que grupo divertido para comandar!

O FALSO "CAVALEIRO DE ARMADURA RELUZENTE":
Reconhecimento do funcionário

Programas de reconhecimento do funcionário proliferaram ao longo das últimas duas décadas, a ponto de empresas globais de recursos humanos reportarem que entre 85 a 90% de todas as empresas e organizações têm algum tipo de programa de reconhecimento do funcionário.[6] (Alguns dos programas podem ser simples como o envio de e-mail no aniversário do funcionário, mas a maioria é bem mais ampla e totalmente desenvolvida.)

Existem boas razões para focar no reconhecimento do funcionário. No início desses programas, os funcionários eram premiados pelo bom desempenho, por demonstrar comportamentos adequados (frequência, simpatia ao atender ao telefone), e por alcançar metas mensuráveis estabelecidas. Frequentemente as metas tinham a ver com produtividade — atingir padrões de produção, reduzir a recorrência de erros e, obviamente, aumentar as vendas.

No entanto, problemas surgiram quando gerentes de alto nível e analistas financeiros viram os benefícios (em termos de rentabilidade) para a companhia, e começaram a criar e tentar implementar cada vez mais formas de incentivar (e reconhecer) os funcionários a "fazer mais". Essencialmente, isso se tornou um clássico exemplo da crença de que *"se 'algo' é bom, 'mais' deve ser melhor e 'muito' deve ser ótimo!"*

O resultado é que os grandes programas de reconhecimento do funcionário (sistemas, políticas e procedimentos, com plataformas eletrônicas) que foram desenvolvidos tornaram o reconhecimento vazio e sem significado. É isso que eu ouço quando falo com funcionários e supervisores sobre os programas de reconhecimento:

a) *Apatia:* "Acho que temos um programa de reconhecimento. É, temos. Você desce até o refeitório, onde eles servem *donuts*, fazem a mesma cerimônia todas as vezes, e alguém recebe um certificado e um cartão-presente. Não vou mais, a menos que passe para pegar um *donut.*"

b) *Sarcasmo:* "Ah, sim, temos um grande programa de reconhecimento. Fui 'funcionário do mês' uma vez, e parte do prêmio é ter uma vaga especial no estacionamento durante o mês seguinte. O problema é: vou de bicicleta para o trabalho. Mas ainda assim recebi a vaga no estacionamento!"

c) *Cinismo:* "Que comédia! É tudo exibição... eles fazem isso para ficarem bem aos olhos da diretoria. Não estão nem aí para nós. O prêmio apenas circula de um departamento para outro, e sempre é para o mais querido do gerente."

O VERDADEIRO ANTÍDOTO:
Valorização autêntica

No livro que escrevi em parceria com o Dr. Gary Chapman, *As cinco linguagens de valorização pessoal no ambiente de trabalho* (Ed. Mundo Cristão, 2012), demonstramos como a valorização pode ser demonstrada de formas significativas. Enquanto o reconhecimento de funcionários pode ser relegado a um processo impessoal, a valorização — a *autêntica* valorização — precisa ser pessoal. Quero dizer, valorização ocorre entre duas *pessoas* — não de um gerente ao seu subordinado direto, não do diretor de RH para os eleitos "funcionários do mês", mas entre Shanya e Richard, ou Juan e Stephanie.

Ao invés de reafirmar os pontos principais das cinco linguagens de valorização e os princípios fundamentais sobre os quais foram construídas, mostrarei a você os recursos que desenvolvemos, usamos e verificamos através de pesquisas. Nosso livro base, *As cinco linguagens de valorização pessoal no ambiente de trabalho*, fornece uma completa descrição e análise:

- do estado negativo de muitos ambientes de trabalho e por que isso ocorre,
- da importância da valorização na criação de ambientes de trabalho positivos,
- de como são as cinco linguagens de valorização na vida profissional diária e,
- de como identificar a forma como cada funcionário prefere receber valorização.

O livro também fornece um código de registro gratuito para acessar online o Inventário de Motivação através da Valorização.

Por fim, quero enfatizar que *absolutamente sabemos como treinar funcionários e gerentes para demonstrar efetivamente autêntica valorização*, e fizemos isso em inúmeros lugares (e ao redor do mundo!). Nossos recursos têm sido usados por 70% das dez maiores empresas da lista *Fortune 500*, em mais de 30 tipos de indústrias diferentes (incluindo setores com fins lucrativos, sem fins lucrativos e governamentais), por mais de 300 faculdades e universidades, e nos seis continentes.

Como você já sabe, nem toda organização aproveita a oportunidade de expressar valorização à sua equipe em termos pessoais e individuais. Você pode fazer parte de uma dessas organizações. Porém, com essas estratégias comprovadas, pode ser o "agente de mudança" para ajudar a desenvolver um ambiente de trabalho mais saudável — no qual as pessoas se sintam realmente valorizadas.

PARTE I

COMO A ADMINISTRAÇÃO PODE CRIAR OBSTÁCULOS

Esta parte centra-se nos desafios que podem ser criados por líderes em uma organização, entre eles: Se você está na gerência, pode ser parte do problema. Sem o apoio da liderança em todos os níveis, o compromisso em aplicar a valorização em sua empresa não terá sucesso. Nesta seção abordamos problemas de administração — e soluções:

- Capítulo 1: A generalizada falta de apoio da valorização por parte da administração.
- Capítulo 2: Os diferentes tipos de respostas negativas e resistência que supervisores, às vezes, demonstram.
- Capítulo 3: A desconfiança e reações negativas geradas pela percepção de inautenticidade.

Em cada capítulo, você encontrará ações práticas para superar com êxito os obstáculos descritos.

I

SEUS LÍDERES NÃO ESTÃO INTERESSADOS

Mark estava ficando cansado da reunião. Como presidente da companhia, tecnicamente, a reunião mensal da equipe executiva era "sua" reunião, mas agora estava se sentindo impaciente e ansioso para voltar à sua sala a fim de cuidar de algumas questões importantes. *Decisões demais afuniladas por esta equipe*, ele pensou. Não era eficiente. Olhou para o relógio e disse: "Certo. Próximo assunto?"

Scott, o Diretor de Operações, respondeu: "Só mais um item, e então algumas questões de manutenção. Ouviremos um relatório e uma proposta do RH sobre a implementação de um programa de valorização dos funcionários."

"Pensei que já tivéssemos um programa bem justo de reconhecimento de funcionários, e que nos custa um bom dinheiro todos os anos", Mark respondeu com um tom de voz bem desinteressado. "Por que precisamos de mais um?"

Debbie, a Diretora Financeira, falou. "Não precisamos. Nossos funcionários recebem *acima* da média regional, e têm um belo pacote de benefícios, mesmo com os prêmios de seguros disparando. *Isso* deveria fazê-los sentirem-se valorizados!"

"Bem, Amber está esperando lá fora", avisou Scott.

"Peça a ela para entrar", disse Mark.

Amber era a jovem recém-contratada diretora de gerenciamento humano — "um nome chique para um diretor de treinamento", Debbie comentara certa vez. Amber entrou e iniciou sua apresentação de *PowerPoint*, mostrando os resultados da pesquisa de comprometimento dos funcionários que demonstravam que a grande maioria dos empregados da firma não se sentia valorizada. Ela fizera pesquisas e descobrira que esse era o caso na maior parte das empresas de seu segmento, e que os programas tradicionais de reconhecimento de funcionários que focavam em premiação de anos de serviço, ou em dar ocasionalmente um prêmio "maior", na verdade não causava muito impacto na maior parte da equipe.

Ela então passou a apresentar algumas ideias sobre como gerentes e supervisores podem demonstrar valorização autêntica. Porém, o que chamou a atenção do grupo, foi sua declaração de que a "Valorização dá retorno para a empresa. Na tabela, temos dados que mostram resultados positivos — melhor atendimento, menos rotatividade, mais concordância com as políticas, maior índice de serviço ao cliente." Ela apresentou documentação de suporte e distribuiu um esboço de sua proposta para iniciar o treinamento do plano de valorização.

Depois que Amber concluiu e saiu da sala, Mark disse: "Bem, isso foi melhor do que eu pensava, e parece sensato, pelo menos, explorar a ideia — talvez introduzi-la primeiro em âmbito limitado."

"Vou dar uma olhada", disse Debbie. "A pesquisa parece um pouco 'superficial' para mim — mas se os dados confirmarem os benefícios financeiros que ela defende, poderemos pensar nisso." Então, Debbie recolheu o material e colocou em sua pasta, onde foram rapidamente "arquivados" após a reunião. Os documentos jamais viram a luz do dia novamente, e Amber jamais ouviu qualquer coisa sobre sua apresentação.

Sempre que eu falo para um grupo de funcionários, supervisores ou gerentes de RH inevitavelmente me fazem uma ou mais das seguintes perguntas:

"O que devo fazer se nossa equipe administrativa não está interessada em valorização? Estão focados em cumprir metas e, no fundo, acham que demonstrar valorização é bobagem e perda de tempo."

> "Isto é uma fábrica. Diga-lhes para irem trabalhar na *Apple* ou na *Google* se quiserem jogar pingue-pongue."

"Simplesmente não faz parte de nossa cultura reconhecer os funcionários por nada (exceto por anos de trabalho na empresa). Alguma sugestão de como introduzir a ideia?"

Estranhamente, isso pode ser, de alguma forma, reconfortante — ouvir que outros frequentemente experimentam a mesma falta de interesse ou apoio que você ("Não sou o único!"). Por outro lado, também pode ser desencorajador se começar a pensar: *Quer dizer que quase ninguém está interessado em ajudar os funcionários a sentirem-se valorizados?* Na verdade, muitos donos de empresa e gerentes *querem* aprender (e ensinar seus funcionários) como comunicar eficazmente a autêntica valorização.

Mas, ao mesmo tempo, virtualmente dentro de toda organização há indivíduos que não entendem o que queremos dizer com "valorização autêntica" (normalmente confundem com o tradicional reconhecimento do funcionário), ou verdadeiramente não veem o valor de ajudar os funcionários a sentirem-se valorizados.

Às vezes, líderes parecem querer uma organização vibrante e positiva sem fornecer os componentes fundamentais necessários para estabelecer uma. Eis as respostas mais comuns:

"Nós os pagamos — é assim que demonstramos que os valorizamos. Se precisam de elogio a cada coisinha que fazem para sentirem-se motivados, deviam procurar outro emprego."

"Não me importa se eles se sentem bem ou não. Meu objetivo não é deixá-los felizes. Meu objetivo é fazer o trabalho e ir embora."

"Nunca recebi um tapinha nas costas e me saí bem. Hoje em dia as pessoas precisam crescer e viver no mundo real."

"Não temos tempo ou dinheiro. Estamos apenas tentando nos manter de pé. Isto é uma fábrica. Diga-lhes para irem trabalhar na *Apple* ou na *Google* se quiserem jogar pingue-pongue."

O QUE OS LÍDERES NÃO ENTENDEM SOBRE A VALORIZAÇÃO

Muitos líderes, entretanto, não se opõem à valorização. Eles simplesmente não entendem como ela funciona de verdade. Em essência, precisam de informação detalhada sobre como realmente é comunicar valorização na vida profissional diária, o que não é, e o que podem esperar realisticamente que a valorização possa realizar em suas empresas.

"Valorização" se tornou uma grande palavra da moda em muitos ambientes de trabalho — ao ponto de inúmeras propagandas que estão sendo veiculadas, declararem "Nós valorizamos você" (geralmente no contexto de funcionários falando aos clientes).

Nos últimos anos, a ênfase tem sido mais no reconhecimento do funcionário, com inúmeros livros, artigos, seminários e até empresas inteiras comprometidas em ajudar líderes e gerentes a reconhecer os membros de sua equipe pelo trabalho benfeito. Na verdade, especialistas em gerência de recursos humanos estimam que 90% de todas as empresas e organizações nos Estados Unidos tem algum tipo de programa de reconhecimento de funcionário.[1]

O problema é que os programas de reconhecimento de funcionários falharam — no objetivo de ajudar os funcionários a sentirem-se realmente valorizados. Enquanto programas de reconhecimento e recompensa proliferavam, no mesmo período, o nível de satisfação dos funcionários no trabalho, na verdade, *diminuía*. Isso acontece, em grande parte, porque a maior parte das atividades de reconhecimento dos funcionários é genérica (todos recebem o mesmo prêmio institucional, ao invés de individualizado e pessoal) e, em última análise, aparenta inautenticidade.

Como resultado, muitas organizações estão agora focando na ênfase da valorização autêntica e pessoal. Se, por um lado, esse é um passo na direção certa, muitos líderes ainda têm um conceito errado sobre o que é ou não valorização. Eis aqui três dos conceitos mais equivocados com os quais nos deparamos.

EQUÍVOCO 1: Dinheiro é o principal motivador para todos os funcionários

Essa crença está refletida quando um líder, frente à sugestão de explorar como comunicar eficazmente valorização aos seus funcionários, reage com a observação: "Nós os pagamos. Essa é a valorização deles."

Se por um lado todos precisamos ganhar dinheiro *suficiente* para sustentar a nós e a nossa família, muitos empresários e gerentes acreditam que seus funcionários são motivados principalmente por ganhar *mais* dinheiro. Em parte, essa crença se origina em líderes que assumem que sua equipe é motivada pelo mesmo motivo que eles — ganhar mais dinheiro, desfrutar bens melhores, conquistar status social, e ter a capacidade de tomar decisões. (É importante notar que alguns líderes, frequentemente empreendedores e pessoal de vendas, *são* motivados pelo dinheiro.)

A verdade é: *Dinheiro não é um motivador eficaz para muitas pessoas.* E a pesquisa, definitiva. Ao examinar mais de 90 estudos feitos em um período de tempo de 120 anos, verificou-se que a relação entre nível salarial e satisfação no trabalho é muito fraca — o valor que os empregados recebem conta apenas como 2% entre os fatores que contribuem para o quanto eles gostam de seu trabalho.[2]

Na verdade, em alguns casos, as pesquisas mostraram que, quando as recompensas financeiras aumentam, a motivação intrínseca (a disposição de uma pessoa em realizar tarefas) de fato diminuem.[3] O engajamento dos funcionários foi relacionado três vezes mais fortemente à motivadores intrínsecos do que a premiações extrínsecas,[4] e motivação intrínseca é o prognosticador mais forte de desempenho no trabalho do que premiações extrínsecas.[5] A questão? *Motivar apenas pelo dinheiro não traz muito retorno.*

Outro estudo, feito pelo grupo de consultoria McKinsey, descobriu que incentivos não monetários motivam mais os funcionários do que recompensas financeiras. Eles concluíram que elogios do gerente, atenção dos líderes e a oportunidade de desenvolver projetos são mais motivadores e recompensadores do que incentivos financeiros, sejam eles um aumento no salário base, um bônus ou ações da empresa.[6]

Esses estudos sequer abordam as diferenças de motivação entre milhares de funcionários — o que claramente apontam é que simplesmente ganhar mais dinheiro não é o que os motiva.[7] Eles estão mais interessados em fazer diferença no mundo, crescer pessoal e profissionalmente, e ter um equilíbrio satisfatório entre trabalhar e viver.

EQUÍVOCO 2: O principal objetivo de comunicar valorização é deixar os funcionários felizes

Essa posição parece ser mantida com mais frequência pelo lado cínico, pessoas que tendem a dizer coisas como: "Trabalho é realizar tarefas... Não me importo com como as pessoas se sentem".

Infelizmente, há certa base para a manutenção dessa crença. No mundo do incentivo e do pensamento positivo, algumas pessoas bem-intencionadas levaram a ênfase na valorização ao ponto de ter como objetivo fazer todos felizes. Na verdade, alguns locais de trabalho criaram o cargo de "Chefe de Satisfação".

Como psicólogo posso facilmente afirmar que tentar fazer os outros felizes é, e sempre será, uma empreitada fadada ao fracasso. Por quê? Porque ninguém pode *fazer* o outro feliz. Na verdade, nem podemos nos fazer felizes! Felicidade é o resultado de outros hábitos positivos em nossa vida.

Sabemos agora que nossos sentimentos são essencialmente o resultado de se nossas expectativas foram alcançadas na vida real. Se elas são, ficamos satisfeitos; se não são, ficamos frustrados, irados ou desapontados. Embora possamos ajudar pessoas a aprender a ajustar suas expectativas mais adequadamente à realidade e desenvolver um maior senso de gratidão, ninguém pode fazer ninguém sentir nada.

EQUÍVOCO 3: O principal objetivo de comunicar valorização é aumentar a produtividade

O terceiro equívoco é a crença de que a comunicação de valorização no ambiente de trabalho cresceu a partir de um ponto de vista distorcido do reconhecimento e seus benefícios. Quando especialistas e pesquisadores do reconhecimento começaram a demonstrar os benefícios financeiros positivos que ocorrem quando as pessoas se sentem valorizadas, os empresários que se animaram com esses resultados começaram a focar principalmente nos aspectos fiscais.

A pesquisa demonstrou consistentemente um grande retorno de investimento como resposta ao reconhecimento e à sensação de reconhecimento dos funcionários, incluindo:

- aumento na frequência diária (não é um fator a ser desprezado em pequenos comércios e restaurantes),
- diminuição nos atrasos,
- funcionários seguindo as políticas e procedimentos mais fielmente,
- redução de conflitos dentro da equipe,
- aumento de produtividade (em alguns locais de trabalho) e,
- maiores índices de satisfação do cliente.

Todos esses benefícios auxiliam empresas a economizar dinheiro e as tornam mais competitivas no mercado. Na verdade, a alta rotatividade da equipe tem mostrado ser um dos maiores custos não produtivos para as empresas.

Mas quando o *propósito* da valorização é motivado principalmente (ou, em alguns casos, somente) por fatores financeiros, o jogo muda. Alguns funcionários acreditam que a administração está usando a ideia de "reconhecimento" com o objetivo oculto de aumentar a produtividade e, portanto, os lucros (e, não por acaso, os bônus gerenciais). Como resultado, no mundo do reconhecimento funcional, estamos vendo uma enorme negatividade por parte de funcionários e de alguns administradores.

O VERDADEIRO PROPÓSITO DA COMUNICAÇÃO DA VALORIZAÇÃO

Então, qual é o verdadeiro propósito de comunicar valorização àqueles com quem você trabalha? Em última instância, esta é uma questão pessoal de cada indivíduo: *Por que eu devo transmitir uma sensação de valorização aos meus colegas?*

Existem muitas razões, incluindo algumas que são egoístas, mas fundamentalmente, *a valorização aos colegas comunica respeito e valor pela pessoa.* Pessoas não são apenas "unidades de trabalho" cujo valor primário é derivado do quanto produzem (embora algumas culturas, empresas e chefes ainda vejam funcionários como recursos dispensáveis, usados para gerar ganho financeiro, assim como queimar carvão para gerar eletricidade). A valorização autêntica flui de se atribuiu valor os funcionários como *pessoas* — abrangendo não apenas suas capacidades e o que realizam, mas também como melhorar o trabalho da equipe e, por fim, quem eles são.

É importante observar que a valorização nem sempre precisa ser sobre o trabalho que realizam. Alguns indivíduos são valorizados por seus colegas apenas por "quem são". Por exemplo, alguns funcionários iluminam o escritório por causa de seu comportamento alegre e perspectiva positiva. Outros são valorizados por sua atitude calma e capacidade de pensar nas questões em meio a uma crise. E alguns são respeitados pelo que fazem fora do trabalho — uma mãe solteira comprometida com sua família, um indivíduo que faz muito pela comunidade através de trabalho voluntário, ou alguém que demonstra autodisciplina treinando para uma maratona.

Curiosamente, quando funcionários se sentem valorizados (seja ou não por características profissionais), seguem-se bons resultados. Não apenas melhoram comportamentos relativos ao trabalho, mas é mais fácil conviver com funcionários que se sentem valorizados — eles são menos irritadiços, mais dispostos a ouvir e mais abertos a mudanças. Como descobriram centenas de empresas e organizações, a valorização é uma forma barata de premiar e motivar os outros, reforçando socialmente o fato de que o que fazem, e quem são, importa.

Quando a valorização é comunicada da perspectiva de que *cada funcionário tem valor como pessoa*, além das contribuições que fazem à organização, todas as partes interessadas lucram — o funcionário, o supervisor, a organização, clientes, assim como a família e amigos do funcionário, que convivem com alguém mais positivo e motivado.

VOCÊ ENTENDE, A GERÊNCIA NÃO

Você pode estar dizendo para si mesmo: "Entendo. Concordo! Vejo a importância e o valor de mostrar aos funcionários que são valorizados, mas meu chefe não. O que você está descrevendo *não* é como eles pensam sobre os funcionários. Como posso ajudá-los a ver a importância da valorização? Posso? É possível?"

Para responder essas perguntas, vamos primeiro dar uma olhada e entender a natureza da resistência.

A resistência à mudança (ou a um novo programa) pode ser demonstrada por membros da equipe em qualquer nível da organização — o dono, executivos, gerentes, supervisores, funcionários subalternos. Quando indivíduos não demonstram muito interesse em aprender como construir uma cultura de valorização, ou às vezes ativamente se opõem a ela, sua reação pode ser descrita com precisão como "resistência". Seja ativa ou passivamente, estão resistindo a fazer algo novo e diferente.

Diversos modelos têm sido desenvolvidos para entender a natureza da resistência, mas um dos mais úteis em termos práticos foi proposto por Rick Maurer em seu notável livro *Beyond the Wall of Resistance* (Além do muro da resistência). Maurer propõe três principais razões pelas quais as pessoas resistem à mudança:

1. "Não entendo." — falta de informação ou compreensão.
2. "Não gosto." — reação emocional a como a mudança vai impactá-las.
3. "Não gosto de você." — resultado de uma falta de relacionamento e/ou confiança.[8]

Assim sendo, a resistência à mudança continua a ocorrer em organizações quando essas questões, em cada nível, não são abordadas. Não é passada informação e explicação suficientes. Gerentes não escutam e não reconhecem o impacto emocional sobre os funcionários das mudanças propostas. Uma generalizada falta de conectividade ou uma falta de confiança na administração (relacionada aos seus motivos ou competência) está presente.

Maurer alega que a resistência normalmente só é abordada no nível informativo: os proponentes da mudança acreditam que será suficiente explicarem o contexto e o motivo factual da mudança, e como ela ocorrerá. Normalmente, essa abordagem não é eficaz.

Na verdade, essa contínua resistência pode irritar os líderes. Jonathan, o gerente de RH responsável pelo engajamento dos funcionários, reclamou: "O que esse povo quer? Dissemos a eles por que queremos fazer esse treinamento. Explicamos como isso tornará o ambiente de trabalho mais positivo para todos. E esbocei um processo específico de como podemos introduzi-lo lentamente ao longo do tempo. O que mais eles precisam?"

Muitos líderes acreditam que organizações bem-sucedidas são o resultado de decisões e implementações sábias, e que boas decisões vêm de informações precisas (o que geralmente é verdade). Assim, tendem a focar em fatos e dados. Mas quando estamos lidando com *pessoas*, ter apenas fatos não é suficiente.

A resistência à mudança inclui reações emocionais de funcionários sobre como suas vidas serão impactadas, e também afetadas pelo nível de confiança nos relacionamentos. Uma resistência mais profunda permanece mesmo quando entendem os fatos da situação. Por exemplo, Erin relatou ao seu supervisor: "Sei que essa nova direção e forma de fazer as coisas faz sentido intelectualmente. No final, o fluxo de trabalho será mais suave, haverá menos confusão, e deverá nos deixar mais eficientes. Mas ainda não gosto disso — parcialmente porque parece que as mudanças estão sendo empurradas goela abaixo."

TUDO OU NADA?

Um problema adicional relacionado à resistência é a forma como falamos sobre ela, o que, geralmente, é nos termos do "tudo ou nada". Quando um gerente não está muito animado a fazer o treinamento de Valorização no Trabalho com sua equipe, o especialista do RH pode reportar: "Ele é contra" ou "Não vai acontecer — de jeito nenhum." Ou, se o gerente está disposto a fazer o treinamento, o facilitador pode declarar aos seus colegas. "Estamos prontos para começar. Ele está a bordo e a todo vapor!"

A realidade em ambas as situações, provavelmente está em algum lugar no meio do caminho. O gerente "anti-valorização" pode ter algumas reservas ou achar que não é a hora certa. Mas concluir que "não vai acontecer nunca" pode ser um exagero. De modo semelhante, a gerente que apoia pode estar disposta a ter sua equipe no processo de treinamento, mas pode ter alguns receios não ditos, e por fim, de fato não apoie a implementação dos conceitos de valorização ao longo do tempo.

Portanto, pode ser útil a quem está tentando convencer os colegas sobre os benefícios de usar os recursos da Valorização no Trabalho a, primeiro, não reagir exageradamente, e, segundo, ter uma visão mais clara sobre o que seus colegas de trabalho estão pensando (e por que).

Veja no diagrama abaixo a sequência de posições que um líder poderia ter sobre a aceitação de passar pelo treinamento com sua equipe, e as palavras que podem ser usadas para descrever sua posição.

SEQUÊNCIA DE REAÇÕES DE RESISTÊNCIA

NÃO ACONTECERÁ	ALTAMENTE IMPROVÁVEL	IMPROVÁVEL	NEUTRO	POSSÍVEL	PROVÁVEL	ACONTECERÁ COM CERTEZA
Não na minha gestão	Talvez em outro momento	Se tivéssemos orçamento.	Talvez no ano que vem.	Vamos tentar no mês que vem.	Confira o calendário	Vamos colocar na agenda.
Não faremos	Não farei	Você pode, mas eu não vou fazer.	Pode pesquisar.	Ok, se é isso que você quer fazer.	Será bom para nós.	Vamos fazer!

Se sua gerência começar altamente negativa, não necessariamente desista. Tente passá-la para a próxima fase da sequência. Você tem mais possibilidade de conseguir uma resposta positiva a partir de uma posição neutra do que de uma negativa radical, então tente levar lentamente a gerência primeiro para a zona neutra. (Sugestões de ações para fazer isso seguem ao final do capítulo.)

QUANDO A EQUIPE SE SENTE VALORIZADA, A RESISTÊNCIA À MUDANÇA DIMINUI

Estabelecer uma base de valorização com seus colegas pode ser um longo caminho para ajudá-los a abordar as mudanças organizacionais com uma mente mais aberta. Curiosamente, quando os funcionários se sentem verdadeiramente valorizados pelo que fazem e por quem são, a resistência à mudança pode ser significativamente reduzida.

Primeiro, quando os funcionários têm um sentimento positivo sobre si mesmos no trabalho, eles são capazes de escutar a informação apresentada sobre as futuras mudanças com mais clareza. Não têm o barulho extra das distrações internas para desviar sua atenção e são capazes de "ouvir" os fatos apresentados.

A sensação de estar se sentindo valorizado, mesmo em meio a uma mudança organizacional significativa, pode ajudar a acalmar as reações emocionais iniciais dos funcionários. Reações de ansiedade intensa, medo ou discordância conflituosos são menos frequentes. Keira compartilhou numa reunião de equipe com sua supervisora: "Toda essa 'coisa de mudança' me assusta. Não tenho certeza se vai funcionar e tenho medo de que, em algum momento, minha função não seja necessária. Mas, Lisa, sei que você trabalha para o que é melhor para todos nós e, se diz que devemos fazer, vou junto, mesmo tendo minhas dúvidas."

SENTIR-SE VALORIZADO CRIA ENERGIA PARA A MUDANÇA

A resistência consome energia (se você é um corredor, pense no quanto fica cansado depois de correr contra o vento). Como cada um de nós tem uma quantidade limitada de energia física e emocional, a resistência consome a energia necessária para outras tarefas, incluindo a própria implementação das mudanças. Quando a resistência cede, mais energia fica disponível para tarefas construtivas.

E também, transmitir valorização autêntica entre os colegas injeta energia positiva no ambiente de trabalho. As pessoas ficam mais energizadas. Elas têm uma maior capacidade de resolver problemas criativamente e perseverar através de tarefas difíceis. Membros da equipe trabalham mais eficientemente juntos.

Ao longo dos últimos três anos, trabalhamos com uma divisão de uma grande empresa de telecomunicações, treinando supervisores e equipe da linha de frente sobre como transmitir eficazmente autêntica valorização uns aos outros. A empresa então adquiriu outra firma, provocando grandes mudanças em toda a organização. Durante a transição, líderes, gerentes de nível médio e altos executivos, observaram e comentaram repetidamente o quanto foi mais leve para a equipe que tinha sido treinada em autêntica valorização se ajustar às mudanças, do que para as divisões que não tinham essa base estabelecida.

IDEIAS PARA COMEÇAR

Certo, você está interessado. Mas por onde começar? Para ser sincero, aqui não há fórmulas mágicas. Nada funciona *todas* as vezes. Mas temos algumas sugestões práticas que parecem ajudar.

Primeiro, *descubra onde está (com relação aos funcionários se sentirem valorizados)*. Você pode revisar a pesquisa de engajamento dos funcionários do ano passado para ver como sua equipe respondeu as perguntas sobre sentimentos de valorização. Como alternativa, criamos uma rápida escala de avaliação com 20 itens, que pode ser baixada de forma anônima, para avaliar o nível de valorização em um ambiente de trabalho (veja em www.appreciationatwork.com/aawrs). Ou você pode obter informações com membros-chave da equipe, conversando com eles individualmente: "Qual a sua sensação sobre a equipe se sentir (ou não) valorizada?"

Segundo, *comece a educar sua gerência sobre a importância da valorização* e como pode ter impacto significativo positivo em inúmeros aspectos da empresa (moral da equipe, frequência, rotatividade) e transmita autêntica valorização pessoal. Nosso livro *As cinco linguagens de valorização pessoal no ambiente de trabalho* tem um capítulo sobre o "RDI da Valorização" (Retorno de Investimento, é um parâmetro de avaliação de gerentes e executivos) e cita a pesquisa que indica os benefícios financeiros e práticos que organizações experimentam quando suas equipes se sentem verdadeiramente valorizadas. Compartilhe alguns dos artigos que escrevemos para publicações de alto nível sobre negócios, ou em sua área de atuação. Mostre a eles alguns testemunhos que recolhemos de líderes. Utilize os artigos gratuitos e vídeos introdutórios de nosso website (www.appreciationatwork.com).

A seguir, *tenha expectativas realistas.* Nem todos ficarão animados com as cinco linguagens da valorização, ou mesmo em demonstrar valorização no trabalho, no geral. Dito isso, algumas abordagens são mais propensas a ganhar amigos e influenciar inimigos do que outras. Seja paciente e trabalhe seus planos ao longo do tempo. Não espere resultados rápidos (quer dizer, até que uma diretiva seja enviada para aumentar o moral da equipe devido ao resultado da pesquisa de baixo engajamento dos funcionários!).

Compartilhe a partir de experiência pessoal. Pessoas (neste caso, amigos, colegas de trabalho, seu supervisor, ou outros) estão mais dispostas a ouvir uma história sobre *você* do que sobre um punhado de informações fatuais. Se você não leu *As cinco linguagens de valorização pessoal no ambiente de trabalho*, ou não fez o Inventário de Motivação através da Valorização, não tente convencer os outros dizendo: "Ouvi dizer que é muito bom. Você deveria ler." Isso leva, muito rápido, a lugar nenhum. Ao invés, tente algo como: "Estou lendo este livro e achando bem interessante. Ele mostra que nem todo mundo se sente valorizado da mesma forma." PARE. Espere. Não fique falando sobre o assunto durante cinco minutos. Lance um pouco de informação e veja se há algum interesse ou reação. Se não, deixe que levem a conversa para onde queiram... ou mude o assunto ("e o jogo de ontem?").

Se demonstrarem algum interesse na questão da valorização, avance um pouco mais, ou diga algo como: "Depois que ler mais, trago o livro e deixo você dar uma olhada, se estiver interessado." Mas mantenha os comentários bem curtos.

Espalhe alguns recursos no caminho ao longo do tempo. Deixe o livro em cima da mesa, onde possam vê-lo algum dia. Assine nosso blog e, de vez em quando, encaminhe um artigo com um comentário: "Achei interessante e pensei que você gostaria de ver." Ou vá ao nosso website, na página com alguns de nossos vídeos e artigos introdutórios, e, ocasionalmente, compartilhe um com eles.

Comece a ser um exemplo que demonstra valorização aos outros. A melhor maneira de influenciar os outros é com nossas ações. Se você realmente acredita que valorizar os outros é útil, comece a fazer isso com seus colegas de trabalho. Não precisa chamar atenção para o que está fazendo. Normalmente, com o tempo, eles começarão a perceber suas ações positivas e, por fim, podem fazer um comentário como: "Ultimamente, você realmente tem me apoiado. Agradeço seus comentários e ações." Mesmo se não perguntarem "Você tem lido alguma coisa sobre isso?", este é o momento perfeito para dizer abertamente: "Que bom que notou. Tenho experimentado alguns princípios de um livro que li. Posso lhe falar de um dos pontos principais que aprendi?" Seja paciente. Eles podem não reagir positivamente agora, mas podem voltar em um dia ou dois (sabendo que você não vai "atacá-los") e pedir que fale sobre o livro.

Junte alguns amigos interessados e comecem a aplicar os conceitos juntos, como grupo. É difícil dar exemplo de comportamento relacional sozinho. Ter a companhia de alguns colegas de trabalho pode ser significantemente mais impactante. Leiam o livro juntos, façam o Inventário de Motivação através da Valorização, e comecem a experimentar demonstrar valorização uns aos outros nas linguagens importantes para cada pessoa. Falem sobre isso durante o almoço. Compartilhem o que estão aprendendo com outros colegas. Normalmente, um pequeno burburinho começa a crescer, e alguém levanta o assunto na reunião de equipe como um recurso que o grupo deveria explorar.

Por fim, não tente fazê-los concordar com um grande projeto. Comece sugerindo fazer um pequeno projeto piloto com um grupo ou departamento, e veja como acontece. Percebemos que começar pequeno, e desenvolver apoio e velocidade ao longo do tempo normalmente é a melhor estratégia. Há inúmeras razões para essa abordagem funcionar bem: a) na verdade você não está pedindo a seu gerente ou supervisor para fazer alguma coisa, está pedindo que deixem *você* fazer algo; b) você não está lhes pedindo que "subam à chefia" e peçam que um grande programa novo seja implementado; c) o custo (financeiro e de

O AMBIENTE de trabalho VIBRANTE

tempo) é relativamente baixo; d) há a possibilidade de que algo bom possa acontecer no processo, e nesse caso, o esforço pode ser espalhado a outras áreas sob a supervisão deles. OU eles podem assumir o crédito por um recurso que é uma maneira de baixo custo de melhorar o moral da equipe na organização!

PERGUNTAS PARA REFLEXÃO

Por que você acha que alguns gerentes e executivos não estão interessados na valorização no ambiente de trabalho?

Que conceito equivocado sobre a valorização você acha que prevalece em seu ambiente de trabalho?

[ ] Que valorização não funciona porque as pessoas são motivadas principalmente pelo dinheiro.

[ ] Que pessoas estão principalmente focadas em ter um "ambiente de trabalho feliz" (mesmo se você não acha que este seja um objetivo realista).

[ ] Que o foco na valorização tem a finalidade de manipular os funcionários para trabalhar mais.

[ ] Outro _____

Que reações você tem à declaração de que o propósito principal de transmitir valorização é mostrar respeito e afirmar o valor dos outros?

O que você pensa sobre a ideia de que a valorização pode ser por atividades "não relacionadas ao trabalho" ou por características pessoais que não melhoram, necessariamente, o desempenho no trabalho?

Em sua experiência, qual das três principais razões para a resistência, é o maior motivo dos administradores resistirem à busca da valorização no ambiente de trabalho?

[ ] Falta de informação ou compreensão.

[ ] Sua reação emocional sobre como a mudança poderá impactá-los.

[ ] Falta de relacionamento ou de confiança.

Ao olhar a sequência de reações à implementação de uma nova ideia ou prática, onde você vê os líderes de sua organização com relação à implementação das cinco linguagens de valorização?

[ ] Não vai acontecer

[ ] Altamente improvável

[ ] Improvável
[ ] Altamente possível
[ ] Provável
[ ] Acontecerá com certeza

Marque as afirmativas com as quais concorda.

[ ] Quando as pessoas se sentem valorizadas, sua resistência diminui.

[ ] Quando funcionários se sentem valorizados, confiam mais facilmente nos outros.

[ ] Quando membros da equipe se sentem realmente valorizados, aumenta a energia para resolver problemas criativamente.

[ ] Quando funcionários não se sentem verdadeiramente valorizados, são mais propensos a ficar desmotivados e desistir.

Que ação sugerida você acha que é mais viável, neste momento, para o seu ambiente de trabalho?

[ ] Concluir uma avaliação para determinar o nível de valorização relatado pelos funcionários.

[ ] Começar a compartilhar informações sobre valorização no ambiente de trabalho com líderes e gerentes (artigos, blogs, vídeos, capítulos).

[ ] Explorar recursos relacionados *As cinco linguagens de valorização pessoal no ambiente de trabalho* por conta própria e compartilhar o que estou aprendendo com outras pessoas.

[ ] Trabalhar com uma ou duas pessoas para começar a aplicar os conceitos de *As cinco linguagens de valorização em meu local de trabalho*.

[ ] Tentar estabelecer um projeto piloto com os recursos de treinamento de Valorização no Ambiente de Trabalho.

Considere usar a Escala de Avaliação da Valorização no Trabalho[9] como um recurso para isso.

2

DUAS GRANDES PERGUNTAS QUE SUPERVISORES FAZEM

Brian e Anita estavam conversando na sala de Yvette, discutindo o recente anúncio que chegara da diretoria. Os três eram supervisores de diferentes áreas da agência estatal que coordena serviços para crianças e famílias, e cada um trabalhava em seu departamento há, pelo menos, cinco anos.

"Bem, o que vocês acham dessa nova diretiva de todos passarem por esse treinamento para nos ensinar a transmitir valorização aos membros de nossa equipe?", Brian perguntou.

Anita foi a primeira a responder. Como sempre, não teve vergonha de dizer o que pensava. "Por um lado, parece uma boa ideia. Sabemos que todos estão à beira do esgotamento, se já não estiverem esgotados. Com as restrições de orçamento, sabemos que não vamos ter nenhum aumento e que não vão contratar mais ninguém, a não ser para preencher as vagas dos que nos deixaram…".

"Você quer dizer, 'saíram'", disse Brian.

"Isso, pode ser. Mas eu não estou aqui para experimentar outro treinamento tipo 'sabor do mês' que eles inventam. Gastamos todo esse tempo e depois não se fala mais nisso. É um desperdício."

Brian riu. "Então, ano que vem será outra variação — 'entendendo seus colegas pelo seu jeito de vestir' ou qualquer coisa assim."

"A parte que me incomoda", acrescentou Yvette, "é que sim, deveríamos demonstrar valorização à nossa equipe, mas quem *nos* encoraja? Chegamos mais cedo e trabalhamos até tarde para fazer tudo. Lidamos com clientes que normalmente estão irritados com alguma coisa. Seguramos a mão de nossa equipe para garantir que façam as coisas corretamente. E não ouço uma palavra de William, nem de ninguém da administração. Nem um 'obrigado'. Nem um 'bom trabalho'. Nada! E agora todos devemos simplesmente ficar alegres e valorizar nossa equipe? Apenas não sei se tenho isso para oferecer."

Anita concordou. "Entendo você. Estou na mesma situação. Com certeza quero criar um ambiente positivo na minha equipe. Mas, como você diz, e nós? Nenhum de nós recebe muito dos clientes... só tristeza. Estamos fazendo mais com menos. Estamos nos afogando nas regras. As pessoas acham que somos meros burocratas mexendo com papéis.

"Podem nos dar o treinamento que quiserem. Mas será que vai fazer diferença? Acho que não, mas...".

Como já vimos, muitos líderes reagem negativamente à ideia de valorização autêntica no ambiente de trabalho. Eles não são contrários ao conceito básico de apoiar os funcionários. Mas se perguntam se tal programa é "realista". Nossas interações com líderes empresariais e de organizações revelaram duas grandes reações que impedem que a valorização autêntica se torne uma realidade no ambiente de trabalho. Vamos esmiuçá-las.

REAÇÃO 1: "Então, eu devo 'agradecer' a eles por fazerem seu trabalho?"

Eu tive a oportunidade de dar treinamento sobre como transmitir valorização autêntica a mais de 300 gerentes e supervisores de um grupo de instituições de cuidados a idosos. Em um dos encontros, estávamos dialogando sobre as diferenças entre valorização autêntica e reconhecimento institucionalizado do funcionário.

Um dos supervisores perguntou, com um olhar interrogativo: "Então, eu devo 'agradecer' minha equipe por fazer seu trabalho? Para mim, isso não faz sentido. Estou muito mais disposto a chamar atenção e a agradecer quando fazem 'além', mas não vejo porque deveríamos agradecer por fazerem o que se espera que façam."

Conforme o debate prosseguiu, outro líder perguntou: "E aqueles funcionários que querem receber elogios o tempo todo, por tudo o que fazem? E como devemos lidar com aqueles que foram criados recebendo 'Prêmio de Participação' só por aparecer, mas sem conquistar nada?"

Curiosamente, na medida em que seguiram as sessões de treinamento, uma tensão palpável cresceu entre os que se ressentiam em ouvir que deveriam demonstrar valorização aos funcionários por "fazerem seu trabalho", e os que acreditavam que supervisores precisavam melhorar sua disposição (e habilidade) de transmitir a verdadeira valorização aos membros da equipe por fazerem bem seu trabalho.

Essas preocupações não são exclusivas dessa equipe de líderes. Numa apresentação para professores e equipe de uma faculdade, um professor mais antigo declarou sem rodeios: "Essa nova geração precisa crescer e perceber que não será elogiada nem receberá um prêmio só por fazer seu trabalho — isso não é o mundo real."

Os dois lados levantam questões válidas. E, como na maioria das áreas da vida, uma abordagem equilibrada parece sábia. Entretanto, os dois lados dessa discussão estavam se entrincheirando e atribuindo características negativas ao "outro lado".

Para poder sair do atoleiro emocional que estava se desenvolvendo, e ajudar os proponentes de cada lado a serem capazes de escutar e estarem abertos a ouvir uma perspectiva diferente, compartilhei com o grupo o seguinte exemplo da vida doméstica.

"Digamos que você está numa situação de moradia — casamento, família ou com um colega — onde vocês concordam em dividir as responsabilidades do dia a dia. E você assume a responsabilidade de fazer o jantar e lavar a louça. Esse é o seu 'trabalho' em casa. Você concordou com isso. Não foi imposto. E cumpre obedientemente suas responsabilidades. Outros aceitam a responsabilidade por tarefas como passar o aspirador na casa ou cortar a grama.

"Então, quantos de vocês acham que seria bom (e adequado) ouvir um 'obrigado' de vez em quando por fazer a comida ou lavar a louça? Não *todos* os dias, mas, pelos menos, uma vez ou outra." (Quase todos acenaram concordando).

"Mas, e se, ao longo do tempo, você *nunca* ouvir um 'obrigado' dos outros? Mesmo que você tenha concordado em aceitar a responsabilidade, e que as outras pessoas estejam fazendo suas tarefas também, como acha que começaria a se sentir?

O grupo respondeu: "Ressentido". "Menosprezado."

"Mas", continuei, "por outro lado, não parece razoável esperar uma grande festa e um cartão de 'agradecimento' a cada vez que você faz o jantar, certo? Na verdade, provavelmente não é realista receber agradecimento todos os dias por todas as refeições, concordam? Seria bom, mas provavelmente não acontecerá."

"Você disse tudo!", comentou uma mulher sobre sua família.

Rapidamente, a tensão na sala se dissipou, e conseguimos continuar a focar em *como* (ou se) transmitir valorização eficazmente.

Uma disputa falida: "o que deveria ser" versus "o que é"

Com frequência, quando questões e discussões são baseadas em valores aos quais nos apegamos como indivíduos, o debate recai numa disputa — ou entre dois valores conflitantes sobre o "que deveria ser"

("Eles deveriam ser gratos por terem emprego!" *versus* "Mas você não precisa tratá-los como escravos!"), ou entre "o que deveria ser" e "o que é."

Essa última discussão pode, às vezes, ser enquadrada como entre *idealistas* (aqueles com altos ideais que, acreditam, não devem ser comprometidos) e *realistas* (aqueles que olham para a realidade prática da vida diária e tentam viver seus valores no contexto do "que é"). Embora essa dicotomia possa se tornar uma excessiva simplificação, tanto a perspectiva idealista, quanto a baseada na realidade são úteis e necessárias. Quer dizer, se a disputa é pautada em um problema "ou-ou", ao invés de um desafio "e-e", ninguém vencerá a discussão.

A realidade: "sim, mas com limites"

Se funcionários (e supervisores e gerentes) *deveriam* esperar agradecimento por "realizar seu trabalho" é, na realidade, uma questão discutível. O fato é: eles esperam. Tanto a experiência pessoal quanto a pesquisa demonstram essa realidade. Monster.com [N.T.: Portal internacional de empregos.], entrevistando pessoas em busca de emprego, descobriu que a principal característica em um ambiente de trabalho desejada pelos entrevistados era *sentir-se valorizado por seu empregador*.[1] Recentemente, o Boston Consulting Group, em uma pesquisa com mais de 200 mil funcionários ao redor do mundo, relatou que *a principal razão por gostarem de seu trabalho era por se sentirem valorizados.*[2]

E é bem documentado que, quando funcionários trocam de emprego, o motivo principal de sua decisão *não* é o dinheiro. Antes, eles saem por não se sentirem valorizados ou devido a conflitos interpessoais com seus supervisores diretos.[3]

Além disso, como relatado anteriormente, sabemos que coisas boas acontecem quando os funcionários se sentem valorizados. Então, a resposta à pergunta "Quer dizer que eu deveria 'agradecer' a eles por fazerem seu trabalho?" é — sim, você deveria.

"...mas com limites"

Mas o outro lado também é verdadeiro. O trabalho é realizar tarefas. Você foi contratado para isso. E a principal função de um supervisor *não* é ficar fazendo elogios contínuos e reafirmando individualmente os membros da equipe por completarem suas tarefas diárias. Supervisores têm outras responsabilidades!

Existem indivíduos que parecem ser uma esponja gigante para elogios e encorajamento — parece que nunca recebem o bastante e frequentemente estão pedindo (ou insinuando) mais. Porém, na verdade, assim como a sede, quando você está sedento, só consegue pensar em beber alguma coisa até estar satisfeito. Então, depois de beber o suficiente, você deixa de pensar em água (pelo menos, por um tempo).

De modo semelhante, quando transmitimos valorização *autêntica* de formas significativas ao destinatário (lembrete: nem sempre é um elogio verbal), ele normalmente fica satisfeito e não precisa de elogios constantes. Entretanto, muitos administradores nunca vivenciaram isso porque:

a) São mesquinhos com cumprimentos e elogios, então os membros de sua equipe estão sempre "sedentos",

b) A forma como transmitem valorização não se relaciona com seus funcionários, ou

c) O funcionário não acredita que eles estão sendo genuinamente sinceros.

As implicações práticas?

Não entre (nem tenha a mentalidade de) em discussão com outros sobre o quanto de valorização os membros da equipe *devem* querer (ou precisar). Lembre-se: todos somos diferentes e nenhum de nós sabe quanto apoio ou motivação outra pessoa pode precisar nesse momento (a quantidade necessária muda quase que certamente ao longo do tempo e das circunstâncias da vida).

Mas também não se permita ser colocado numa posição de ser chantageado emocionalmente. Não aceite a total responsabilidade pela felicidade ou sentimento de autovalorização de outra pessoa. Você não pode *fazer* outra pessoa sentir-se bem. É por isso que eu me oponho ao "Chefe de Satisfação" — sua responsabilidade é um objetivo irrealista e uma proposição perdida.

Como um líder em sua organização (ou um facilitador para outros), motive os que estão ao seu redor a:

- Fazer o que puderem para transmitir valorização aos seus colegas.
- Descobrir como eles gostariam que a valorização fosse demonstrada (é bem provável que *não* seja da mesma forma que você gostaria).
- Praticar.

Por fim, desafie-os a um experimento pessoal: "Observe o que acontece quando você agradece consistentemente aos membros de sua equipe por fazerem seu trabalho." Eu apostaria um bom dinheiro que eles começarão a ver resultados positivos (se os outros acreditarem que isso é genuíno, e se a valorização for transmitida de formas importantes para eles).

REAÇÃO 2: Como posso fazer isso se não me sinto valorizado?

O segundo argumento mais expressado por supervisores e gerentes é: *"O que devo fazer se eu não me sinto valorizado? Onde vou buscar motivação e energia para demonstrar que valorizo os membros de minha equipe?"*

Curiosamente, a intensidade dessa reação normalmente não é tão forte quando a resposta "Devo agradecer-lhes", e a questão geralmente é colocada em um momento mais avançado do processo de treinamento. A reação é menos desafiadora e oposicionista, sem a mensagem implícita de "Você deve estar brincando!".

A impressão que tenho daqueles que perguntam "e se não me sinto valorizado?" não é que discordam da importância dos funcionários se sentirem valorizados, mas, depois de um período de reflexão, eles se perguntam honestamente: "Como vou fazer isso quando eu mesmo me sinto desmotivado?" Eles parecem estar verdadeiramente buscando uma resposta, e não estabelecendo uma discussão.

Até o presidente precisa de valorização

Outro aspecto intrigante é que essa reação pode vir de qualquer um em qualquer nível da organização — um supervisor da linha de frente, um gerente de nível médio, o diretor financeiro, a recepcionista, e até mesmo o presidente ou dono do negócio. Não se sentir valorizado não é exclusividade apenas de trabalhadores dos "níveis mais baixos", como algumas pessoas parecem supor.

Se por um lado é verdade que algumas posições dentro de uma organização têm associados a elas, mais prestígio e influência — executivos e gerentes recebem mais, e algumas funções são, por natureza, mais interessantes e têm outras regalias — permanece o fato de que, em última instância, *todos* querem saber que são valorizados pelos que os cercam.

> "Os funcionários olham para mim e acham que eu consegui. Mas o topo é solitário."

Um empresário, presidente de sua empresa, confidenciou-me: "Sabe, os funcionários olham para mim e acham que consegui. Eles me veem falando em frente a grupos, temos uma casa grande e fazemos boas viagens de férias. Para eles, parece o sonho americano. Mas eles não veem a pressão que eu suporto: ter trabalho suficiente para manter cinquenta pessoas empregadas, ou o fato de que meus bens pessoais são usados como garantia pelos bancos de modo que, se o negócio acabar, acabam também minhas economias. Não estou reclamando; tenho uma boa vida, mas o topo é solitário, e ninguém parece achar que o empresário precisa também ouvir um pouco de valorização."

O problema de falta de apoio e encorajamento de líderes é *extremamente* mais acentuado em organizações sem fins lucrativos, serviço social ou de voluntariado. A taxa de esgotamento de diretores desses tipos de organizações pode ser inacreditavelmente alta. Por quê? Porque normalmente o diretor se reporta ao "Conselho" (você ouviu aquela assustadora música de órgão tocando quando leu isso?). E o conselho de diretores de uma organização sem fins lucrativos ou de voluntariado nem sempre é o mais saudável dos grupos. E é compreensível. São voluntários. Os membros do conselho em geral são profissionais ocupados e bem-sucedidos e, se por um lado podem ter uma paixão sincera pela missão da organização, normalmente não têm tempo e energia extras, muito menos para encorajar ou apoiar o diretor ou a equipe executiva. Resultado? O diretor não se sente valorizado.

Não estou sugerindo que façamos uma festa de piedade para os líderes e executivos de organizações lucrativas ou sem fins lucrativos. Mas precisamos prestar atenção e não assumir que os que estão no topo da organização se sentem valorizados. Eles também precisam ouvir "agradecimentos" ou receber demonstrações de valorização numa linguagem e ações que têm valor para eles.

Devo observar que demonstrar valorização ao chefe pode ser visto pelos outros como "bajulação". "Você só está tentando bajular a Sheri para que ela goste de você e lhe dê a próxima vaga de líder de equipe que abrir!" A realidade é, se por um lado esse pode ser o caso (ou a pessoa está tentando receber favores demonstrando valorização, ou é *percebido* dessa forma), normalmente a verdade vence — ou seja, com o tempo, as ações da pessoa tendem a revelar sua real motivação. Então, encorajo os funcionários a errar pelo lado de assumir o risco e transmitir valorização àqueles que estão em posições superiores, ao invés de deixar que sua supervisora "morra à míngua" porque nunca ouve nada positivo sobre o que ela faz.

O que você pode fazer quando não se sente valorizado?

Em última análise, a questão volta à pergunta original: *O que você pode fazer quando não se sente valorizado, se é que existe alguma coisa?* Apenas desistir e trabalhar duro? Procurar outro emprego? Através de interações com trabalhadores não valorizados, *feedback* de gerentes antes desmotivados, e sugestões de diversos autores, temos descoberto uma variedade de ações que podem ajudar quando você se sente desvalorizado. Com frequência, nenhum ato solitário resolve o problema, mas em conjunto, ao longo do tempo, pode fazer diferença em sua vida diária.

A valorização pode começar em qualquer lugar. Uma das coisas mais animadoras que descobrimos em nosso trabalho com grupos ao redor do mundo é que a valorização não precisa começar do topo da organização e então descer a pirâmide. Independentemente da posição de uma pessoa na empresa, ela pode transmitir valorização àqueles com quem trabalha e começar a ter um impacto positivo.

O ponto principal é: *Você pode fazer a diferença.* Não precisa esperar pelo presidente, pelo vice-presidente de RH, por seu supervisor, ou por qualquer outra pessoa. Você tem a capacidade de fazer diferença em sua vida e na vida dos que estão ao seu redor. Essa é uma oposição à mentalidade de vítima que às vezes é adotada: "Trabalho em um lugar terrível." "Todo mundo é muito negativo." "Sinto-me preso — não há nada que posso fazer."

Cultivar gratidão e agradecimento. Certa pesquisa mostrou que indivíduos que diariamente observam coisas pelas quais são gratos, demonstram maior determinação, atenção, entusiasmo e energia, se comparados àqueles que não têm essa prática.[4] A mesma pesquisa descobriu que até mesmo um diário de gratidão semanal indicou aumento no otimismo (e também redução no relato de incômodos físicos, como dores e mal-estar).

E mais, a pesquisa do Instituto Nacional de Saúde mostrou que pessoas que demonstram mais gratidão em suas vidas têm maiores níveis do neurotransmissor da dopamina, o que resulta em uma vida mais ativa.[5] Além disso, praticar a gratidão gera um "efeito bola de neve positivo". Quando uma pessoa começa a citar coisas pelas quais agradecer, seu cérebro começa a buscar por mais coisas pelas quais deve ser grata.[6]

Tornar-se mais grato na vida diária não demanda muito esforço. Comece pelas coisas simples que às vezes consideramos garantidas: água corrente, água potável para beber, alimento para comer, não viver numa zona de guerra, poder ver, ouvir, falar e andar, amizades, família, e a capacidade de ler. A lista é interminável, mas às vezes nos esquecemos de tudo o que temos e que nos abençoam.

Aja positivamente, apesar de como se sente. Não estou defendendo que use uma fachada e finja que tudo está bem quando as circunstâncias estão difíceis. Ainda assim, sabemos que quando as pessoas escolhem se comportar de determinadas maneiras, seus sentimentos (físicos e emocionais) seguem o mesmo rumo. Então, quando você não está *sentindo* o exercício, mas escolhe começá-lo, acaba ganhando uma sensação de satisfação com a atividade. Ou quando você não *sente* que quer ir a uma reunião social, mas escolhe ir, frequentemente acaba se vendo grato por ter ido. De modo semelhante, interagir positivamente, com um tom de voz alegre, sorrir, falar sobre coisas positivas, pode estabelecer uma atmosfera de positividade que beneficia a todos — incluindo você!

Ensine aos outros sobre o que o motiva. Às vezes, as pessoas não transmitem valorização porque não sabem o que fazer. (Essa é uma das premissas do treinamento Valorização no Trabalho — ensinar pessoas uma variedade de formas de transmitir valorização, além das que normalmente conhecem.)

Uma das melhores maneiras de fazer isso é conduzir sua equipe pelo processo de treinamento de Valorização no Trabalho, onde pode aprender como cada pessoa em seu grupo prefere que lhe seja demonstrada valorização, e começar a implementar ações para tal. Felizmente, no processo, eles aprenderão como *você* gosta que lhe seja demonstrada valorização.

Semelhantemente às experiências de muitas pessoas, seus colegas podem estar tentando demonstrar valorização por você, mas estão fazendo de uma forma que não lhe é significativa. Logo, compartilhar com eles as formas pelas quais você se sente valorizado os ajudará a atingir o objetivo.

Peça apoio. Os líderes ensinam e são exemplos de comportamentos desejados. Se você quer que outros compartilhem como se sentem valorizados, então é útil que os líderes também demonstrem isso. De fato, um dos grupos que tem mais dificuldade em se engajar no processo de treinamento Valorização no Trabalho é o de gerentes e supervisores. Às vezes eles parecem acreditar que precisar de motivação e apoio é uma fraqueza, e ficam constrangidos de admitir que poderiam receber um pouco de encorajamento. Minha premissa é que a vida, incluindo a profissional, é difícil, e que todos nós ficamos cansados e desanimados às vezes. Portanto, é normal que as pessoas necessitem do apoio emocional e relacional dos outros. Uma equipe saudável sabe como apoiar um ao outro ativamente.

Busque pequenas coisas. Às vezes colegas, e aqueles que nos cercam, estão demonstrando valorização em pequenas coisas (um pequeno "obrigado", um sorriso, um aceno de cabeça concordando com um ponto que você defendeu, ou um simples "bom trabalho" ao final de uma reunião). Embora isso possa não ser tão completo e significativo quanto os atos de valorização que ensinamos em nosso treinamento, é, pelo menos, um começo e não deveria ser descartado ou denegrido.

Mantenha um registro de motivação e valorização passadas. Há momentos em que nos sentimos sozinhos e pensamos que ninguém nos valoriza ou se importa conosco. Nesses momentos, é difícil pinçar da memória e lembrar dos tempos bons e do apoio positivo que recebemos anteriormente. De minha parte, mantenho um "arquivo de motivação" onde, ao longo dos anos, tenho colocado as notas de agradecimento e motivação, ou e-mails e mensagens de texto impressas com comentários encorajadores. Quando preciso de um pouco de motivação, e parece que ninguém está me dando, pego meu arquivo e leio comentários do passado para me lembrar de como as pessoas valorizaram o que eu fiz.

Aprenda como encorajar e recarregar a si mesmo. Cada um de nós é diferente na forma como se recarrega emocionalmente. Isso pode incluir contato com a natureza, ouvir música, fazer exercício, ter um "tempo sozinho", engajar-se numa atividade restauradora como ler ou desenhar, ou realizar uma tarefa física como jardinagem ou artesanato. É importante saber e descobrir as maneiras pelas quais você se "re--energiza", e tornar isso uma parte semanal de sua vida.

Conecte-se ao seu objetivo. Às vezes a pressão diária nos derruba, especialmente quando parece que nos deparamos com repetidos obstáculos no caminho de nossos objetivos. Refletir sobre o propósito de sua vida e se lembrar disso, de seu trabalho, e como você está despendendo seu tempo e energia, pode ajudar a sustentá-lo quando não sabe se pode continuar seguindo.

Procure e encontre apoio em seus outros relacionamentos. Há momentos em que relacionamentos profissionais podem ser difíceis e não muito satisfatórios. (Esperemos que essa não seja uma situação de longo prazo.) Durante esses períodos, é útil manter-se mais próximo de amigos e família e obter apoio e encorajamento deles. Na verdade, pode ser importante deixar que nossos amigos e família saibam sobre nossa necessidade de seu apoio *com relação ao trabalho*, já que atualmente você não tem muito apoio de seus relacionamentos profissionais.

Determine se é ou não um ambiente de trabalho saudável para você. Em último caso, se você virtualmente não sente nenhuma valorização, ou não sente que está sendo valorizado pelos outros durante um longo período de tempo, pode ser importante considerar se esse é um ambiente de trabalho saudável para você. Na verdade, isso foi parte de nosso ímpeto para escrever nosso livro *Não aguento meu emprego* (Ed. Mundo Cristão, 2016), e também o folheto "How to know when it is time to quit your job" (Como saber quando é hora de sair do seu emprego). Embora isso possa não ocorrer com muita frequência, há momentos em que o melhor a fazer é sair.

> **Há momentos em que líderes precisam liderar, mesmo quando não sentem que têm o que é preciso.**

Seja um líder maduro. Goste ou não, há momentos em que líderes precisam liderar, e a maturidade deve fazer o que é necessário, mesmo quando eles não sentem que têm o que é preciso. Essencialmente isso está no âmago da maturidade e liderança. Algumas pessoas são capazes de se levantar e liderar nessas situações, enquanto outras, não. E podemos ser capazes de agir e liderar em algumas instâncias e não em outras. Entretanto, eu o encorajaria a *não* esperar até sentir-se valorizado antes de começar a demonstrar valorização aos outros. Caso contrário, pode demorar muito para começar.

NÃO DESISTA!

Se seus líderes realmente não têm a visão para tentar demonstrar valorização a você e à sua equipe, não desista. Nem tudo está perdido. Pessoas mudam. Circunstâncias mudam. E suas opiniões podem mudar.

Lembre-se, entretanto, de que pode não ser suficiente apenas apresentar os fatos (mesmo se for isso que eles pedirem). Vá em frente e responda suas perguntas sobre o ROI (retorno de investimento) e quais serão os benefícios para a empresa. Mas lembre-se de que fornecer apenas informação fatual aborda somente o primeiro nível de resistência.

Considere também os seguintes passos:

Faça perguntas para ajudá-lo a entender como eles percebem o contexto maior da situação, o que pensam sobre sua sugestão, e como acreditam que isso possa impactá-los. Não pergunte apenas "Por que não?". Faça perguntas como:

"Há outros projetos ou iniciativas sendo consideradas nas quais esse treinamento poderia interferir?"

"Com que restrições orçamentárias temos que trabalhar? Há outros 'potes' de dinheiro que poderíamos acessar?"

"Quais são suas preocupações em relação aos termos desse treinamento e como eles impactariam em suas responsabilidades?"

Afirme e aborde a reação emocional de seus líderes. A reação deles fornece duas valiosas oportunidades para construir uma ponte. Primeiro, você pode afirmar a reação deles ("Entendo que, com tudo o que está acontecendo, isso parece demais para você") ao invés de discutir ou dizer que não deveriam se sentir assim. Segundo, a reação deles dá a você uma brecha sobre o que estão pensando a respeito da situação. Você pode debater com eles sobre formas de administrar os riscos percebidos.

Minimize o que custará a eles pessoalmente dar andamento ao processo. Muitas vezes, líderes reagem automaticamente de forma negativa a novas ideias porque não querem assumir quaisquer responsabilidades novas. Se você puder apresentar sua proposta de uma forma que demonstre que custará muito pouco a eles em termos de tempo e envolvimento, então eles estarão mais propensos a seguir em frente. Cuidado com outros "custos" potenciais, como reputação ("E se o treinamento não correr bem?"), intromissão em seu orçamento ou em outros projetos planejados, a quantidade de papelada a ser preenchida, ou ter que pedir permissão ao superior.

(Voluntarie-se para apresentar a informação, na presença de seu supervisor.)

Quando possível, mostrar-lhes como ajudar os membros da equipe a demonstrar eficazmente valorização os ajudará a ficar bem e/ou vincular com outras iniciativas da empresa (engajamento de funcionário, moral da equipe). Eles podem não ver imediatamente como o aumento da valorização se encaixa com outras prioridades enfatizadas pela companhia. Forneça-lhes ideias sobre como gerentes de níveis mais altos podem gostar da sugestão.

INFLUENCIE, OUÇA, SEJA EXEMPLO

Quando membros da equipe em diversos níveis trabalham bem juntos, seguem-se bons resultados, criando uma atmosfera dinâmica que promove força e crescimento dentro da organização. Se por um lado ninguém pode forçar os outros a concordar ou a mudar sua perspectiva, há formas de influenciar ao longo do tempo. Ouvir suas preocupações, corrigir conceitos errados que possam ter, e ser exemplo do comportamento que você espera incutir nos outros são bons passos iniciais a serem dados, e aumentarão a probabilidade de interações saudáveis até mesmo em meio à resistência.

O AMBIENTE de trabalho VIBRANTE

PERGUNTAS PARA REFLEXÃO

Em que nível você se vê reagindo à ideia de transmitir valorização com "Quer dizer, eu devo 'agradecer' aos funcionários por fazerem seu trabalho?"

Opções:

[ ] De modo algum

[ ] Em um nível leve

[ ] Moderadamente

[ ] Bastante

[ ] Total e intensamente

Compartilhe com outros o motivo de sua resposta (entendendo que outros podem ter pontos de vista diferentes).

O exemplo de receber "agradecimento" ocasional por fazer o jantar em casa afetou sua forma de pensar sobre a questão? Por quê?

Você se vê mais como um idealista (com altos ideais) ou mais como um realista (aceitando "o que é")? Como acha que isso afeta sua visão sobre a valorização no ambiente de trabalho?

Você já trabalhou com alguém que parecia ser um "saco sem fundo" por valorização — que nunca é suficiente? Você acha que a maioria das pessoas corre o risco de reagir à valorização dessa forma? Por quê?

Quão predominante você acha que é para os líderes, proprietários, gerentes ou supervisores não se sentirem valorizados?

O que você pensa sobre as questões relacionadas a transmitir valorização aos líderes? Quão realista é a preocupação sobre funcionários usando valorização para manipular seus superiores?

Se já se viu numa situação onde não se sentiu valorizado, qual, dentre as opções abaixo, pensa que seria mais útil a você?

[ ] Aceitar a responsabilidade de que pode fazer diferença e começar a fazer isso.

[ ] Trabalhar por uma maior atitude de gratidão e agradecimento.

[ ] Realizar ações positivas com relação aos outros, esperando que seus próprios sentimentos serão afetados e desenvolvidos.

[ ] Ensinar aos outros sobre como você é motivado.

[ ] Procurar pequenas formas nas quais os outros podem estar demonstrando valorização a você.

3

POR QUE PROGRAMAS DE RECONHECIMENTO NÃO FUNCIONAM?

Andrew sabia o que as pessoas na sala estavam pensando. A linguagem corporal do grupo era tão clara, que ninguém precisava usar palavras para passar a mensagem: "Isso é uma ideia realmente estúpida."

Andrew acabara de anunciar ao grupo de gerentes e supervisores das divisões de manufatura e transporte, que os executivos da empresa tinham decidido que ele e seus colegas do RH deveriam conduzir os líderes das divisões através de um treinamento que ensinaria como transmitir valorização aos funcionários de suas equipes. Andrew sabia que não seria fácil vender essa ideia — não tinha certeza de como as cinco linguagens da valorização se encaixariam nessa equipe difícil, do tipo "faça".

Ed falou primeiro: "Vou 'agradecer' aos meus colaboradores ou escrever um bilhetinho dizendo 'obrigado', e isso deverá fazer com que se sintam melhor? Que tal pedir à administração para cumprir o que prometeu — como nos oferecer um café e lanche decentes na hora do intervalo?"

Vince acrescentou: "Ou aumentar a taxa de reembolso por milha (como prometido) quando temos que dirigir nossos próprios veículos para locais de trabalho fora da cidade?"

"Dê-me um tempo" disse J. R., um dos supervisores mais antigos. "Qual é o sentido? Sabemos que estão fazendo isso para não sairmos. É como aquele programa irrelevante, Funcionário do Mês, onde você ganha um pedaço de papel e 20 pratas para gastar onde quiser. Claro, vou pegar o dinheiro, mas a maioria da direção lá em cima nem sabe o que fazemos. Não saberiam dizer se estou fazendo ou não um bom trabalho!"

Andrew teve que admitir a si mesmo que a maior parte das questões deles era válida. Geralmente a empresa tinha problemas de abordagem sobre como se relacionava, e compensava, os funcionários. E, enquanto houvesse indivíduos disponíveis para ocupar as vagas quando alguém saísse, a empresa não via problemas na "rotatividade" dos funcionários. Mas quando ficava mais difícil encontrar candidatos qualificados, ou mesmo parcialmente qualificados, e o departamento de RH não conseguia contratar substitutos com a rapidez necessária, a administração mudava o tom.

Agora a direção estava disposta a fazer alguma coisa a mais para apaziguar os funcionários e, se possível, diminuir a taxa de rotatividade. Então descobriram o recurso Valorização no Trabalho e pediram a Andrew e sua equipe para fazer acontecer.

O problema: ninguém acreditava que era para valer. Nem os supervisores, nem os membros de sua equipe aceitavam a premissa de que havia qualquer valorização genuína por traz do treinamento proposto (pelo menos dos gerentes de nível médio ou acima). Agora Andrew estava sentado na sala de reuniões, olhando para aqueles homens. E pensou: *Claro, eu poderia arrastá-los para o treinamento. Mas será que faria diferença?*

Desenvolver um ambiente de trabalho vibrante requer uma base de confiança, respeito e comunicação honesta. Porém muitos gerentes e funcionários estão bem cientes dos problemas com os programas tradicionais de reconhecimento — como geram cinismo e apatia, e são vistos como abordagem tamanho único. Ouço isso cada vez mais.

Quando converso com funcionários, supervisores de linha de frente e gerentes de nível médio sobre os esforços de suas empresas para melhorar o moral da equipe, geralmente por meio de programas de reconhecimento, as reações mais comuns que recebo são negativas: "Eles não se importam conosco; fazem essa coisa de reconhecimento só para ficarem bem", disse um funcionário. "É só um monte de 'movimentos atravessados'", disse outro. "O pessoal que concede os prêmios nem sabe quem eu sou."

O QUE HÁ DE ERRADO COM O RECONHECIMENTO?

Isso não significa que não houve impacto positivo em reconhecer os esforços e conquistas dos funcionários. A pesquisa mostrou que os efeitos do reconhecimento do tipo "muito bom!" são decréscimo das faltas, aumento da produtividade, redução da rotatividade e melhora da satisfação do cliente.

Embora o predomínio dos programas de reconhecimento dos funcionários tenha crescido tremendamente (atualmente em, pelo menos, 85% de todas as organizações dos EUA), o engajamento do funcionário quase não aumentou (cerca de 30 a 33% da força de trabalho relata estar engajada).[1,2] Então, algo não está certo.

Provavelmente, os ambientes mais cínicos que vivenciei recentemente são de clínicas médicas e hospitalares, escolas públicas e agências governamentais. Por que será? Parece que em muitas dessas instituições, eles tentaram comunicar reconhecimento e elogios, ou forneceram treinamento sobre "como desenvolver uma equipe positiva", e isso foi amplamente feito através de uma abordagem baseada em problemas, obrigando todos a participarem. Isso leva, quase que por definição, a uma perceptível crença de insinceridade por parte dos participantes.

Quando funcionários não acreditam que os outros são autênticos ou sinceros em sua comunicação de valorização, as reações são cinismo, falta de confiança, incredulidade, ceticismo, ressentimento... e a lista segue. Por que isto? Em grande parte, porque as pessoas não foram comunicadas com uma valorização *genuína*.

POR QUE O RECONHECIMENTO É FREQUENTEMENTE VISTO COMO INAUTÊNTICO?

Conforme tenho explorado as questões subjacentes ao reconhecimento, os seguintes temas têm ficado claros. Funcionários questionam a autenticidade do reconhecimento quando é:

- *Imposto*. Todos têm que participar, gostem ou não.
- *Orientado pela organização*. O "reconhecimento" vem de um gerente de divisão, que não tem qualquer relacionamento com o destinatário.
- *Impessoal*. Muito do reconhecimento é comunicado a grupos: "Maravilha, equipe! Bom trabalho!" Mas a mensagem não fala nada sobre o membro da equipe que ficou até mais tarde para garantir que o produto fosse despachado a tempo.
- *Genérico*. O número de histórias negativas que ouvi é incrível — como quando todos em uma grande organização receberam o mesmo cartão de Natal com o mesmo cartão presente, de baixo valor financeiro, incluso.
- *Falso*. Discutindo motivos do porque o reconhecimento é visto como inautêntico, um participante astuto (e corajoso) do treinamento declarou: "Às vezes é porque eles não estão sendo sinceros".

Se você está tendo problemas com a aceitação de seu programa de reconhecimento, talvez queira investigar a percepção de seus funcionários e supervisores.

ELOGIO PÚBLICO E OUTRAS COISAS QUE FUNCIONÁRIOS NÃO GOSTAM

A forma como muitos programas de reconhecimento são conduzidos ajuda a fomentar a aversão dos funcionários. Entre eles:

Reconhecimento público. Pergunto aos grupos: "Quantos de vocês preferem *não* se levantar em frente a um grupo para receber um prêmio ou ser reconhecido?" Normalmente 40 a 50% das pessoas levantam a mão. (Em alguns grupos — assistentes administrativos, bibliotecários — em torno de 80 a 90%.) Uma mulher declarou: "Eles podem me dar um prêmio, mas terão que me arrastar para ir até a frente!" Se o propósito é encorajar um funcionário, não deveria ser feito de acordo com o que *ele* prefere?

Ênfase no elogio verbal. Se por um lado nossa pesquisa mostra que usar palavras para comunicar valorização é, na verdade, o método preferido de 40% da força de trabalho, há um subgrupo bem grande (20 a 30%) que não confia em palavras. Seus mantras são: "Não me diga, demonstre", ou "Palavras são fáceis". Eles acreditam em ações e provas tangíveis. Muitos desses indivíduos não querem reconhecimento ou elogio; querem ajuda para realizar o trabalho.

> **Cheguei à conclusão que, de modo geral, a falta de autenticidade na comunicação da valorização talvez seja a única grande barreira a relacionamentos positivos no ambiente de trabalho.**

Dependência de prêmios. Virtualmente, cada programa de reconhecimento de funcionários tem grande dependência de prêmios como componente-chave. Infelizmente, nossa pesquisa mostra que *menos de 10% dos funcionários deseja prêmios tangíveis como principal forma de ser reconhecido*. Na verdade, o percentual dos que desejam presentes tangíveis como a forma principal de ser valorizado realmente parece estar diminuindo (de 10% em 2012 para 6% atualmente). Embora a maior parte das pessoas goste de receber algum tipo de presente, se não for acompanhado de palavras sinceras, tempo de qualidade, ou de ajuda, o presente é visto como superficial e insincero.

ENTÃO, O QUE DEVEMOS FAZER?

Em última instância, a pergunta é "O que devemos fazer em resposta a esse crescente problema de percepção de autenticidade?" Acho que é preciso ser respondido em dois níveis: individual e corporativamente.

Como declara Jim Collins em *Empresas feitas para vencer* (Ed. HSM, 2013), companhias bem-sucedidas estão dispostas a "encarar os fatos brutais da realidade".[3] Se o reconhecimento no ambiente de trabalho é visto como superficial e falso, é melhor descobrirmos o porquê e então lidar com as questões.

Infelizmente, alguns líderes parecem ter a postura do lendário comediante George Burns: "O segredo do sucesso é a sinceridade. Se você consegue falsificar isso, está feito." Querem agir como se eles se importassem com os funcionários. O problema é que fingir não funciona, e mina qualquer confiança que a equipe possa ter em seu líder.

Se por um lado não podemos controlar a percepção dos outros, por outro estamos no controle de nosso próprio comportamento e atitude. Individualmente, cada um de nós deve se esforçar para ser genuíno e autêntico em sua comunicação com os outros — não elogiar quando não é sincero, e procurar se comunicar de formas significativas para o interlocutor.

Corporativamente, cada organização precisa dar uma boa olhada em suas atividades de reconhecimento, e separar um tempo para obter dados e retorno da equipe sobre sua percepção a respeito do programa de reconhecimento dos funcionários e suas atividades. Pergunte a si mesmo: Existem processos ou procedimentos que promovam um sentimento de falta de autenticidade? Quanto de nosso reconhecimento é pessoal (*versus* organizacional), individual (*versus* baseado no grupo), e comunicado de formas importantes para quem recebe (*versus* genérico)?

Reconhecer funcionários pelas contribuições que fazem para a organização é uma boa coisa. Mas estamos num declive escorregadio que demanda atenção para que nossos esforços não se transformem em uma pilha de atividades desvalorizadas que serão cada vez mais ridicularizadas — ou completamente descartadas no futuro.

QUANDO "VALORIZAÇÃO AUTÊNTICA" É VISTA COMO INAUTÊNTICA

A questão da falta de autenticidade não está limitada aos programas de reconhecimento dos funcionários. Mesmo quando estão tentando treinar a equipe sobre como comunicar valorização autêntica, funcionários levantam preocupações sobre a percepção da falsa valorização.

Na verdade, cheguei à conclusão que a falta de autenticidade na comunicação da valorização talvez seja a única grande barreira a relacionamentos positivos no ambiente de trabalho de modo geral.

Se por um lado o conceito de autenticidade não é difícil de entender, há certos problemas mais profundos que geram alguns desafios — especificamente com relação à questão da inautenticidade percebida. Perguntas importantes precisam ser respondidas:

Quem determina autenticidade?
A autenticidade é baseada na realidade ou na percepção?
O que leva as pessoas a *não* acreditarem que os outros são sinceros?

Um dos desafios do conceito de autenticidade é que ele é, ao menos em parte, baseado na percepção do destinatário. Então, você pode verdadeiramente valorizar seus colegas e ser grato pela contribuição deles ao processo de trabalho e tentar comunicar isso, mas eles podem acreditar que você está apenas tentando manipulá-los. De meus debates com inúmeros grupos, reuni uma quantidade de motivos pelos quais as pessoas questionam a sinceridade do discurso dos outros. Vou citar alguns:

- *O tom de voz não combina com o que estão dizendo.* Alguns indivíduos (normalmente, engenheiros ou programadores de computação) podem ter uma maneira bastante monótona de falar e não mostrar muito entusiasmo. Se estão falando sobre o quanto o valorizam, mas dizem isso em um tom sem emoção, você pode questionar se realmente estão sendo sinceros. Ou, algumas pessoas podem fazer um elogio com um tom sarcástico de voz, como: "Cara, que ótimo que você entregou seu relatório no prazo este mês" (com a insinuação de que é a primeira vez em seis meses que você fez isto).
- *As insinuações não verbais são incompatíveis com a mensagem verbal.* Algumas pessoas ficam um pouco ansiosas quando estão frente a frente com um colega. Podem ter pouco contato visual, um tom de voz hesitante, e parecem ficar tensos quando falam. Isso pode contrastar com a mensagem que estão tentando passar sobre o quanto valorizam seus colegas de trabalho.
- *Uma súbita demonstração de valorização que não soa verdadeira.* Se seu supervisor começa, aparentemente de repente, a comunicar valorização e mensagens positivas quando, nos muitos anos passados não o fez, você pode se perguntar: "De onde veio isso?". Um funcionário em treinamento declarou sem rodeios: "Nunca ouvi qualquer valorização em 10 anos, e agora você quer que eu acredite que eles me valorizam?"

- *Na frente dos outros, alguém age diferentemente de quando estão só vocês dois.* Parece razoável questionar a autenticidade de uma pessoa quando o que ela diz pessoalmente a você (que realmente gosta de sair com você) não é consistente com sua atitude na frente dos outros (ignorando-o, ou até mesmo o denegrindo). Ou então, a pessoa pode cumprimentar você na frente dos outros, mas ignorá-lo em qualquer outra situação. Da mesma forma, dizer coisas em particular, como "Deveríamos sair para tomar um café!", e então ignorá-lo quando passa no corredor, pode levantar a bandeira vermelha.
- *Mensagens verbais inconsistentes ao longo do tempo.* Obviamente, se há uma inconsistência entre o tratamento recebido na semana passada (o repreendendo por algum erro ou por não cumprir um prazo) e então o elogio pela qualidade de seu trabalho nesta semana — isso leva a questionar a autenticidade.
- *Não resolver o conflito atual (ou passado).* Podemos ter tido problemas no passado com pessoas com quem trabalhamos. Talvez o departamento delas não tenha entregado um produto a tempo, o que fez o seu departamento ter dificuldade em cumprir os próprios prazos; e você e o chefe do referido departamento trocaram algumas palavras acaloradas sobre o incidente. Se conflitos passados são ignorados e não resolvidos, ao tentar a comunicação de valorização, pode criar uma sensação de constrangimento.
- *Você acabou de fazer o treinamento!* Quando um grupo na organização acabou de completar seu treinamento sobre valorização, é normal que alguns evitem expressões de apreço por medo de serem vistos como insinceros ou estarem experimentando. (Chamamos isso de "fator de estranhamento".) Essa é uma preocupação razoável que deve ser abordada.
- *Questionando a motivação dos outros.* Relacionado ao tópico acima, às vezes simplesmente questionamos a motivação dos

outros. Estão me elogiando por que realmente acham isso? Ou têm segundas intenções? Ou, talvez, estão tentando ficar bem diante dos outros. E, claro, jamais podemos saber com certeza, pois jamais podemos avaliar realmente a motivação de outra pessoa.

- *Quanto à bagagem do destinatário.* Às vezes, a percepção da valorização inautêntica pode não estar nas ações de quem está fazendo o elogio, mas deriva de questões passadas que o destinatário traz para a situação. Isso pode incluir um histórico negativo com seu supervisor ou administrador, ou com a organização como um todo — por exemplo, eles trabalham para um hospital cujos esforços passados em promover reconhecimento, falharam. Ou pode também vir de uma situação profissional anterior e terem sido "queimados", o que os leva a serem menos confiantes na situação atual. E, algumas vezes, indivíduos trazem históricos *pessoais* que distorcem sua visão sobre os outros. Por exemplo, se um jovem funcionário foi criado em uma situação familiar onde o pai comunicava verbalmente amor e fazia promessas, mas raramente estava acessível e não cumpria o prometido, essa pessoa pode ter dificuldade em confiar em figuras adultas masculinas de autoridade.
- *Expectativas elevadas para si mesmo.* Alguns indivíduos têm dificuldade em aceitar elogios de outros se tiverem expectativas extremamente elevadas para si mesmos. Sentem-se como se estivessem sempre ficando aquém, então para eles é difícil acreditar que os outros os veem positivamente.

Todas essas são razões potencialmente válidas para questionar a autenticidade das ações dos outros no ambiente de trabalho. O desafio se torna: *Como transpor a percepção de inautenticidade?* A resposta está, creio eu, em primeiro compreender a natureza da autenticidade.

AUTENTICIDADE:
Baseada na realidade ou na percepção?

A questão da percepção de inautenticidade no ambiente de trabalho se tornou tão difundida e profundamente enraizada, que desenvolvi um segmento mais aprofundado em nosso treinamento para lidar com o problema.

Pergunto com frequência aos participantes: *A autenticidade é baseada na realidade ou na percepção?* Consistentemente, a vasta maioria dos indivíduos responde: "Na percepção". Apenas ocasionalmente tenho uma ou duas pessoas dizendo: "Ambas". E ninguém jamais diz que é somente baseada na realidade.

Logo, compartilho os seguintes cenários:

Cenário 1. "Você pode verdadeiramente valorizar um colega, quem ele é ou o que faz, se ele não acredita que você o valoriza?" Sim, pode. O fato de ele desacreditar que você o valoriza não muda a realidade de que em seu coração você dá valor a ele. (Obviamente existem inúmeras razões pelas quais ele pode não acreditar em você.) *Então a valorização é real, mas não percebida.*

Cenário 2. Em um treinamento de liderança que eu estava conduzindo sobre Valorização no Trabalho, um gerente perguntou: "Por que a valorização precisa ser autêntica? Se o funcionário *acredita* que você o valoriza, mesmo que isso não seja verdade, o resultado será o mesmo". Inicialmente, fiquei aturdido. A ideia de iludir deliberadamente os outros a crerem que você os valoriza nunca tinha me ocorrido. Ele prosseguiu dizendo: "Sabe, percepção é realidade, então se eles simplesmente acreditarem que você os valoriza, terá os resultados que deseja." *Então, nesse caso, a valorização não é real, mas é percebida como genuína.*

Dr. Paul White

Espero que nosso objetivo esteja óbvio: queremos a valorização baseada na realidade e na percepção, porque se realmente valorizamos um colega, mas ele não percebe isso, devemos trabalhar para tal. Por outro lado, nosso objetivo *não* é parecer que valorizamos alguém. Não quero que usem nossos recursos para criar *uma imagem* de valorização — queremos ajudar supervisores e colegas a realmente valorizar os integrantes de sua equipe, e a aprender como comunicar valorização autêntica aos outros de modo eficaz.

Entretanto, em um nível fundamental, a autenticidade é, em última instância, baseada na realidade. Quer dizer, ou uma pessoa valoriza genuinamente a outra, ou não. O juiz final dessa crença é a pessoa que transmite a mensagem... e somente ela conhece verdadeiramente seus pensamentos e sentimentos.

Infelizmente, essa questão pode seguir em ambas as direções. O trabalhador pode acreditar que seu gerente verdadeiramente o valoriza, tanto pelo que faz, como pelo que é como pessoa, contudo, na realidade, o supervisor é muito talentoso em iludir e manipular os outros. Ou, o destinatário deseja tão fortemente ser valorizado, que é facilmente enganado.

Conforme trabalho com equipes e funcionários de diversos lugares, é interessante observar que: a) raramente questionamos nossa própria autenticidade; e b) a maioria pensa ser um bom juiz sobre se os outros estão sendo ou não genuínos e sinceros em suas ações. Quer dizer, geralmente damos a nós mesmos o benefício da dúvida — com certeza valorizamos os outros verdadeiramente quando dizemos, mas somos mais propícios a questionar a autenticidade dos outros, e cremos que somos capazes de determinar se *seus* motivos são puros ou não. Essa combinação de crenças me preocupa porque nos coloca numa posição de julgar criticamente os outros, enquanto que, ao mesmo tempo, cremos que nossas intenções são infalivelmente puras.

O AMBIENTE de trabalho VIBRANTE

Como você pode provar que sua valorização é genuína? Dadas as questões descritas acima, você jamais pode *provar* totalmente sua valorização autêntica, e não pode fazer alguém acreditar em você. Todavia, há uma série de medidas práticas que você pode tomar para superar eficazmente os desafios de ser percebido como não valorizar genuinamente seus colegas.

Somente comunicar valorização quando for verdade. Tentar fingir não ajuda. As pessoas podem perceber quando você não está sendo sincero. De modo semelhante, não é útil que gerentes e supervisores façam movimentos de tentar comunicar valorização e encorajamento somente porque é o que a organização está impondo nesse momento.

Reconhecimento das barreiras. Sua equipe pode gostar de declarações honestas como: "Eu sei que não transmiti muita valorização a vocês no passado..." ou "Reconheço que tivemos nossos conflitos e diferenças..." ou "Não sou o melhor em me comunicar com os outros..." ou "Sei que vocês podem achar que estou dizendo isso só por causa do treinamento...".

Declare seu desejo de ser visto como genuíno. Então você pode prosseguir com declarações como: "mas espero que vocês acreditem quando eu digo que os valorizo...". A chave disso é, quanto mais específico você possa ser sobre o que a pessoa faz ou a qualidade de caráter que valoriza, maior é a probabilidade de ser visto como sincero.

Seja consistente com o tempo. É quase desnecessário dizer, mas é fundamental. Se você é do tipo "uma vez e nunca mais" quando transmite uma mensagem de valorização a cada seis meses (e é logo após um treinamento!), a possibilidade de ser percebido como genuíno é baixa. De modo semelhante, se somente transmite mensagens positivas de maneiras ou em situações onde é evidente aos outros (especialmente seu supervisor ou administradores), essa comunicação também levará à percepção de que você está fazendo isso só para aparecer.

Não foque apenas em desempenho ou em situações que o beneficiam diretamente. Funcionários se tornam céticos quando as únicas vezes em que são elogiados são quando fizeram além do que normalmente era esperado, ou quando ouvem somente comentários sobre sua "produtividade". Eles começam então a se sentir como engrenagens em uma máquina. De modo semelhante, apenas elogiar quando suas ações trazem algum tipo de benefício a você (por exemplo, ajudar seu departamento a alcançar seus padrões e objetivos, o que o deixará bem perante seu supervisor) se torna problemático. As alternativas são: comentar sobre o comportamento deles quando são úteis a outros dentro da organização, quando são benéficos aos clientes, ou até mesmo benéficos para a comunidade. Uma forma muito boa de comunicar valorização autêntica é identificar habilidades não profissionais, tais como tratar os outros com gentileza.

Comunicar valorização consistentemente ao longo do tempo. A importância desse princípio não pode ser medida, e é por isso que estou repetindo. Acredito que a única forma verdadeira de superar a percepção dos outros sobre se suas ações e declarações são reais é demonstrá-las repetidamente ao longo do tempo (meses) e, potencialmente, de maneiras e em situações diferentes. É especialmente difícil para o destinatário argumentar que você não está sendo genuíno, quando você tenta encontrar formas para motivá-lo e busca consistente e repetidamente comunicar a ele por meio de ações que lhe são importantes.

O FRUTO DA VALORIZAÇÃO

Uma organização vibrante e saudável começa a desenvolver e a crescer — como novos brotos saindo das raízes de uma planta que está se esforçando — quando a valorização autêntica é nutrida e cultivada. "Frutos" saudáveis como relacionamentos positivos, melhoria na produção e qualidade dos bens e serviços não ficam atrás!

PERGUNTAS PARA REFLEXÃO

Quando você pensa sobre os programas de reconhecimento do funcionário nos lugares onde trabalhou anteriormente, de que imagens ou experiências se lembra?

Quando vê a lista de reações comuns (abaixo) em discussões sobre reconhecimento do funcionário, com quais delas você se vê relacionado? Compartilhe por que tem tais reações.

[ ] Cinismo

[ ] Falta de confiança

[ ] "Já ouvi isso antes"

[ ] Desmotivação

[ ] Sarcasmo

[ ] Incredulidade

[ ] Esperar para ver

[ ] Raiva

A que características encontradas em muitos programas de reconhecimento de funcionários você reage negativamente?

[ ] Imposição de participar

[ ] Genérico

[ ] Público, em um grande grupo

[ ] Ênfase em prêmios e presentes

[ ] Organizacional e impessoal

[ ] Inautêntico

[ ] Principalmente verbal

Quais das seguintes fontes de valorização inautêntica você experimentou? Qual o incomoda mais?

[ ] O tom de voz não combina com o que está sendo dito

[ ] As palavras não combinam com as ações

[ ] Comportamento em público diferente do comportamento em particular

[ ] Inconsistência ao longo do tempo

Dr. Paul White

[ ] Demonstração de comportamento não visto anteriormente
[ ] Não abordagem de conflitos presentes ou passados
[ ] Momento (ter acabado de receber treinamento sobre valorização)
[ ] Interações negativas com a pessoa no passado
[ ] Questões sobre segundas intenções

O que você pensa sobre a ideia de que a autenticidade é baseada tanto na percepção quanto na realidade? Como esse conceito pode afetar sua percepção sobre os outros no trabalho?

Já vivenciou uma situação onde questionou a sinceridade de outra pessoa com relação a um elogio feito a você? Qual foi sua reação?

Sua percepção da autenticidade do outro já mudou? Por quê?

Alguém já questionou sua autenticidade ou motivos para comunicar valorização? Como foi essa experiência para você?

PARTE 2

QUANDO A CULTURA DO AMBIENTE DE TRABALHO IMPEDE O CRESCIMENTO

A parte 2 enfoca os obstáculos ao ambiente de trabalho vibrante que vêm da própria cultura do trabalho — questões que parecem ter sido "criadas" para determinados ambientes, incluindo:

- *Capítulo 4:* Ambiente permeado pela negatividade,
- *Capítulo 5:* Cultura de trabalho de sobrecarga extrema, com pouca ou nenhuma margem para qualquer atividade além das tarefas obrigatórias.

4

NEGATIVIDADE

Nancy é uma enfermeira que trabalha no Centro Médico St. Mary há mais de 20 anos. Ela atuou em diversas unidades (pediátrica, cirurgia geral, ginecologia e obstetrícia) e, como muitas enfermeiras, trabalhou no turno da noite e fez plantões em fins de semana e feriados. Atualmente, Nancy é a enfermeira chefe do turno do dia na unidade de recuperação cirúrgica. Dada sua experiência e compromisso com a qualidade do cuidado com os pacientes, Nancy pode ser descrita como uma rocha. Ela diz o que pensa e não lhe falta confiança em suas habilidades e decisões clínicas. Resultado: administra sua unidade com mão firme e um jeito direto, até mesmo brusco, de se relacionar com a equipe (e algumas vezes com os pacientes e suas famílias).

Quando Nancy soube da iniciativa do hospital de tentar melhorar o moral da equipe (e manutenção de funcionários) por meio do ensino dos conceitos da comunicação de autêntica valorização, ela riu e disse: "Tá, certo. Já vi esse filme". Em meio a uma reunião de chefes de equipes, ela expôs sua opinião: "Isso não é diferente de quando — quatro anos atrás, não foi? — passamos pela campanha 'Escreva um bilhete por semana', que sumiu em menos de três meses. Acho que recebi dois bilhetes, e nenhum dos médicos escreveu um sequer.

"A administração está sempre empurrando esses programas 'Sorria e tenha um bom dia' para cima de nós. Que perda de tempo! Se quiserem, podem fazer esse treinamento de 'valorização autêntica', mas não vou obrigar minha equipe a participar. Se necessário, vamos sentar na sala de treinamento, mas não esperem muito de nós."

Mais tarde, uma de suas amigas, Janice, parou para conversar. Janice, que era enfermeira chefe em outro andar, disse: "Soube do novo treinamento de valorização que querem que a gente faça. Que piada! Não preciso ser valorizada — preciso de um aumento! E eles precisam melhorar o pagamento extra pelos fins de semana, e nos devolver o desconto de funcionário na lanchonete.

"Se não tivesse tantos anos de trabalho aqui, pediria demissão e iria para um daqueles centros de atendimento cirúrgico ambulatorial. Deve ser um trabalho tranquilo!"

Nancy assentiu. "Esse deve ser o pior lugar da cidade para trabalhar como enfermeira, com exceção, talvez, da clínica municipal. A administração aqui não conhece o lugar de ponta a ponta, e os médicos nos tratam como se estivéssemos à disposição deles. Estou só contando o tempo até poder me aposentar."

Bem nessa hora, a jovem e alegre Angélica, gerente de RH da equipe clínica, chegou. "Oi, meninas! Só queria passar por aqui e dar a vocês algumas informações introdutórias sobre o treinamento de Valorização no Trabalho que faremos. Não se esqueçam de inscrever sua equipe para uma das datas. Acho que será divertido e motivador! Bem, tenho que correr... tenham um bom dia!"

"Que seja", Nancy resmungou baixinho enquanto Angélica se afastava.

Quando Angélica desapareceu na virada do corredor para os elevadores, Janice, com uma voz ironicamente alegre, zombou: "Tenha um bom dia! Eu valorizo você!"

Nancy e Janice ficaram rindo juntas.

Negatividade em um ambiente de trabalho é como um veneno tóxico que destrói uma organização aos pouquinhos. Seja demonstrada através de comentários cáusticos e cínicos ou de uma postura pessimista e resistente, ao longo do tempo a negatividade "matará" (pelo menos emocionalmente) os membros da equipe, assim como será deteriorado qualquer desejo que tenham de ajudar no crescimento da organização.

Alguns anos atrás, enquanto falava sobre *Valorização no ambiente de trabalho* para diversos grupos pelo país, fiquei surpreso com o número de comentários negativos que as pessoas compartilharam comigo nos intervalos e ao final das palestras.

"Essa coisa de valorização não vai funcionar aqui — este é o lugar mais negativo que já conheci."

"Valorizo o que você está tentando fazer aqui, mas será apenas um evento 'isolado'. A administração não tem interesse em nada além de maximizar o desempenho e aumentar os lucros."

"Concordo que valorização é importante e tento fazer o melhor que posso com minha equipe, mas meu chefe jamais vai comprar essa ideia. Ele só está preocupado consigo mesmo e com atingir as metas."

Essa experiência nos levou a investigar mais a questão e, por fim, compartilhar nossas descobertas no livro *Não aguento meu emprego*. Felizmente, tanto através dessa pesquisa, quanto do nosso trabalho no processo de treinamento da Valorização no Trabalho, temos visto como a valorização autêntica pode melhorar significativamente o moral da equipe — levando a um ambiente de trabalho mais saudável.

Para dar um entendimento mais profundo das forças negativas no ambiente de trabalho, daremos uma olhada em: a) os tipos diferentes de negatividade no ambiente de trabalho; b) de onde vem a negatividade; e c) o antídoto para ajudar a deixar o ambiente mais positivo.

COMO É A NEGATIVIDADE?

A negatividade se manifesta de muitas formas em um ambiente de trabalho. Eis as que descobri. Provavelmente você reconhecerá algumas, ou todas elas!

Frustração e raiva

Visite qualquer ambiente de trabalho e em determinado momento escutará alguém dizer: "Estou tão frustrado!" Gerentes, supervisores e funcionários, todos ficam frustrados quando as coisas não acontecem como eles acham que deveriam. O equipamento que não funciona, clientes que não tomam decisões, colegas que não respondem e-mails importantes, fornecedores que não entregam os materiais no prazo acertado — tudo isso são fontes de frustração.

Na cultura americana, a palavra *frustração* tem, na verdade, dois significados principais. Primeiro: frustração frequentemente significa "travado". Sentimo-nos frustrados quando estamos tentando seguir em direção a um objetivo e encontramos um obstáculo que interfere em nossa capacidade de atingir tal objetivo. Um segundo significado da palavra, e mais usado comumente, é irritação, ou até mesmo raiva. Então é importante esclarecer quando alguém diz que está frustrado: é porque está se sentindo impedido de atingir um objetivo que está buscando, ou é uma forma gentil de dizer que está irado com a situação?

Resmungando e reclamando

Um dos "alertas" que compartilho em meus treinamentos é o de que, quando as pessoas não se sentem valorizadas, elas não guardam isso para si mesmas. Quer dizer, quando as pessoas têm sentimentos negativos sobre o que está acontecendo, tendem a compartilhar com outros. Isso, obviamente, pode criar um ciclo negativo de ocorrências, levando outros a se juntarem com seus próprios comentários negativos e, possivelmente, até elevando a intensidade através das palavras que usam (passando de "Isso é irritante" para "Estou com tanta raiva que poderia dar um soco nele"). Pesquisas demonstram repetidamente que quando grupos de pessoas se juntam e começam a resmungar, a negatividade é alimentada e as coisas ficam piores.

Quando as pessoas não se sentem valorizadas, elas não guardam isso para si mesmas.

Sarcasmo e cinismo

Quando estou falando com grupos pelo país (ou em culturas diferentes) frequentemente provoco: "Então, o sarcasmo é parte da cultura sulista?" Sempre a reação ao meu comentário é de muitos risos. O sarcasmo parece ser uma linguagem universal (e frequentemente observo que não é a sexta linguagem de valorização!).

O sarcasmo tem sido definido como o uso de ironia para zombar ou fingir contentamento. Ou seja, sarcasmo é um meio de usar palavras para, na verdade, dizer o oposto do que você quer, de modo a mostrar sua irritação. Exemplos de observações sarcásticas no ambiente de trabalho podem incluir:

"Olha quem decidiu nos agraciar com sua presença na reunião."

"Bem, todos nós sabemos que Kim sempre apronta e entrega sua papelada no prazo."

"Eis um exemplo de grande comunicação que vem da administração quando eles tomam uma decisão que nos envolve."

Essencialmente, o sarcasmo é uma forma de comunicar indiretamente uma mensagem negativa aos outros.

O cinismo vai além do sarcasmo, decorrente da crença de que as pessoas são motivadas principalmente pelos próprios interesses e que não são sinceras sobre seus afazeres. Comentários cínicos tendem a ser afiados, com a intenção de ser cortante e doloroso. Em grande parte, o cinismo é motivado pelo ceticismo e pela desconfiança. Por exemplo: "Bem, sabemos que a administração sempre toma decisões pelo bem do cliente, e que as decisões deles não têm nada a ver com o aumento de lucratividade."

Culpando e dando desculpas

Esse padrão familiar é menos evidente do que outros comportamentos negativos — mas pode ser mais pérfido. Quando funcionários culpam e dão desculpas, isso contribui para o ambiente de trabalho negativo de modo geral. Isso porque quando as pessoas culpam e dão desculpas, não estão aceitando qualquer responsabilidade nem por suas ações, nem por ações corretivas para resolver o problema. Culpar enfatiza o problema em outras pessoas: "Bem, eu só recebi a informação do Jerry tarde da noite", enquanto que dar desculpa tende a focar mais nas circunstâncias: "Desculpe o atraso — o tráfego na avenida estava terrível!", deixando de mencionar que ela também saiu de casa meia hora mais tarde. Quando existe um padrão em larga escala de culpas e desculpas dentro de uma organização, ele inibe claramente a capacidade de descobrir a fonte de um problema e de executar ações corretivas. Sendo assim, os padrões negativos e os problemas podem continuar.

Desmotivação e apatia

Ao longo do tempo, as pessoas ficam desgastadas com as batalhas travadas no ambiente de trabalho. A comunicação ruim, a falta de confiança e uma sensação de impotência leva a um generalizado sentimento de apatia ("Para que tentar? Já vimos esse filme umas dez vezes."), o que, em última instância, leva os integrantes da equipe à passividade. Então as pessoas desistem e nada é resolvido.

Sabotagem, violência e opressão

Embora relativamente raro, quando indivíduos ficam tão zangados com uma situação que sentem que precisam reagir de alguma forma, isso pode envolver sabotagem direta à política, procedimentos ou até mesmo a um produto — minando ativamente o processo, ou danificando produtos antes de serem enviados. E, infelizmente, a violência no ambiente de trabalho ocorre quando um funcionário descontente reage destruindo propriedade e se tornando violento com um colega de trabalho.

Um subproduto desse comportamento no ambiente de trabalho é a opressão — intimidação verbal, e algumas vezes física, e ameaças aos outros de modo que o opressor possa ter o que quer, ou apenas exercer poder sobre os outros.

DE ONDE VEM A NEGATIVIDADE?

Para colocar a questão de forma direta, as pessoas têm reações negativas quando suas expectativas não são alcançadas. Cada um de nós tem expectativas sobre a vida profissional: quanto tempo levaremos para chegar ao trabalho, que recursos precisam estar disponíveis para completarmos nossa tarefa, como outras pessoas (colegas, supervisores, clientes) devem reagir às nossas ações, e por aí vai. Muitos, se não a maioria, de nós pode ter expectativas irrealistas com relação ao trabalho (nossos esforços sempre serão reconhecidos, sempre teremos um bom dia, o trabalho será sempre significativo). Quando, inevitavelmente, nossas expectativas não são alcançadas, podemos reagir com frustração, raiva, decepção e desmotivação. Ou nos tornamos apáticos e nos fechamos, fazendo o mínimo. Ou fofocamos, criticamos e minamos a unidade da equipe.

Uma forma simples e prática de pensar nas expectativas é se elas são o que "deveriam" (e não) ser trazido para situações específicas. Quando essas questões são alcançadas ou cumpridas, ficamos satisfeitos. Quando não são, ou quando alguém faz algo que "não deveria", não ficamos felizes.

Em minha experiência, muito do negativismo em um ambiente de trabalho vem de expectativas irrealistas que os indivíduos têm — que a copiadora deveria funcionar sempre, que os clientes deveriam tomar a decisão de comprar seu produto (agora), que seus colegas deveriam sempre ser simpáticos e ficarem felizes em ver você. Essas expectativas irrealistas parecem vir de duas fontes: falta de experiência relacionada à situação presente, e idealismo geral sobre o trabalho.

Quando as pessoas estão em um novo emprego ou situação, podem não entender que expectativas realistas são adequadas para a resposta de um cliente, ou o período de tempo no qual haverá retorno. De modo semelhante, parece que nossa cultura criou algumas expectativas irreais e idealistas sobre o trabalho (que sempre deveria ser divertido ou satisfatório) — o que, como sabemos, nem sempre combina com a realidade.

Algumas pessoas assumem uma postura muito soberba e arrogante com relação ao seu trabalho e aos colegas. Uma coisa é genuíno orgulho por um trabalho benfeito, mas alguns parecem achar que poderiam realizar o trabalho melhor do que qualquer pessoa (mesmo jamais tendo feito aquilo), ou pensam secretamente: *Deveríamos ter feito isso da forma como eu disse.* E já vimos o dano de passar a bola, o que a mentalidade de "não é minha função", pode fazer em um ambiente de trabalho.

A confiança — ou a falta dela — é uma grande questão em muitas organizações, pequenas e grandes, lucrativas ou não, públicas ou privadas. Esse problema é tão sério, que desenvolvemos uma série de programas de treinamento relacionados à questão da desconfiança, falta de respeito e comunicação ruim.

O ANTÍDOTO POSITIVO

Felizmente, há formas de combater a negatividade no ambiente de trabalho. Não precisamos simplesmente viver com ela. Descobri que quatro ações específicas podem, significativamente (e bem rapidamente), driblar um ambiente negativo.

Primeiro, *não participe em interações negativas*. Não "colocar lenha na fogueira" é um passo importante que muitos parecem deixar escapar. Apenas o simples ato de não adicionar sua observação sarcástica à reunião da equipe, ou não participar de sessões de reclamações em pequenos grupos informais entre colegas, pode fazer diferença. É muito tentador se agrupar em um corredor ou na conversa do intervalo. Resista!

Segundo, simplesmente, *mantenha-se positivo*. O simples fato de ter uma postura positiva sobre a vida (*A manhã não está linda?*) e ter um comportamento alegre pode fazer uma grande diferença. É difícil que os outros continuem numa conversa raivosa quando um colega participa fazendo comentários positivos e construtivos.

Cultive gratidão. Décadas de pesquisa demonstraram o impacto da gratidão na mente e no corpo. Poderíamos dedicar livros inteiros às coisas pelas quais cada um de nós pode ser grato. A gratidão ajuda a nos sentirmos com menos direito e mais cientes das bênçãos que recebemos. Simplificando: ela nos torna pessoas melhores.

Conserte! Muitas reações negativas são em resposta a problemas que ocorrem. Algumas vezes, ter uma atitude proativa como "vamos ver como reparar isso para que não aconteça de novo" pode ser muito benéfico. Primeiro, isso dá às pessoas a esperança de que a situação não irá perdurar ou se repetir. Segundo, injeta um grau de ânimo, pois indica que se está seguindo numa direção positiva ao invés de se manter girando em torno de "a vida é horrível e este lugar fede".

A NEUROCIÊNCIA DA VALORIZAÇÃO

A gratidão não apenas traz benefícios práticos às organizações, como há pesquisas fisiológicas que revelam como a valorização e a gratidão nos beneficia como indivíduos também. Avanços recentes no estudo do cérebro, da neuroquímica, e das vias neurais possibilitaram obter uma maior clareza sobre o que acontece no cérebro quando as pessoas se sentem genuinamente valorizadas.

O cérebro é dirigido por dois sistemas: químico (neurotransmissores — substâncias químicas que ajudam a comunicação do sistema nervoso) e elétrico (podemos "ler" os impulsos elétricos nas diversas partes do cérebro).

A dopamina é um neurotransmissor relacionado à valorização e ao seu impacto no comportamento de um funcionário. Foi descoberto que a dopamina é o transmissor da "recompensa e castigo", então, quando um funcionário se sente valorizado, a dopamina é liberada no cérebro. O que acontece a seguir é a parte realmente importante: a dopamina então viaja pela via que desencadeia a motivação, o desejo de agir de modo a obter um resultado positivo.[1] Uma pesquisa na Escola de Negócios Wharton, da Universidade da Pensilvânia, descobriu que um simples "obrigado" aos funcionários aumentou em 50% os comportamentos profissionais desejados em comparação com aqueles que não receberam agradecimentos.[2]

Não somente a valorização genuína aumenta a dopamina, mas quando o elogio esperado *não* acontece, os níveis de dopamina baixam — o que leva os funcionários a evitar tarefas pelas quais não recebem qualquer agradecimento.[3] E mesmo que um administrador veja apenas o próprio interesse, a pesquisa revela que ter uma postura de gratidão na vida diária gera efeitos fisiológicos positivos (metabolismo mais equilibrado, melhor sono, menos estresse) na pessoa que é *valorizada* pelas que a cercam.

ERRADICANDO AS TOXINAS

Como uma árvore doente onde insetos estão corroendo as raízes e o interior do tronco que leva nutrientes aos galhos, folhas e frutos, a negatividade descontrolada destruirá um ambiente de trabalho de dentro para fora. Ensinar aos membros da equipe como comunicar valorização autêntica e a se dissociar de interações negativas são dois passos proativos que erradicarão essas toxinas e estabelecerão uma reviravolta saudável nos relacionamentos do ambiente de trabalho.

PERGUNTAS PARA REFLEXÃO

Quando você lê sobre o nível de negatividade em ambientes de trabalho, isso o surpreende? Por quê?

Olhando os diferentes tipos de experiências negativas listados abaixo, quais você vivencia? Quais você vê mais frequentemente em seu ambiente de trabalho?

	Você	Outros no trabalho
Frustração e raiva	[ ]	[ ]
Resmungo e reclamação	[ ]	[ ]
Sarcasmo e cinismo	[ ]	[ ]
Culpa e desculpas	[ ]	[ ]
Desmotivação e apatia	[ ]	[ ]
Sabotagem e violência	[ ]	[ ]
Maus-tratos	[ ]	[ ]

Uma vez que reações negativas são resultado de expectativas não alcançadas, que expectativas você tem sobre seu trabalho que não estão sendo alcançadas? Que expectativas você percebe em seus colegas que os levam a reações negativas?

Quais, dentre as ações abaixo, você acha que seriam mais úteis a você e seus colegas no sentido de diminuir a negatividade em seu ambiente de trabalho?

[ ] Não participar em interações negativas.
[ ] Ter uma postura positiva sobre a vida em geral.
[ ] Demonstrar atitudes de gratidão.
[ ] Ser proativo na solução de problemas.

Com que ação (ações) você gostaria de se comprometer em implementar nas próximas semanas?

5

SOBRECARGA

Michelle tinha um problema. Estava sentada em sua sala olhando para as planilhas de Excel que demonstravam graficamente os resultados desanimadores da pesquisa anual de "engajamento dos funcionários". Michelle, diretora de RH da companhia, sabia que alguma coisa precisava ser feita. Os aumentos tinham sido minúsculos ou inexistentes nos últimos anos; a organização estava apenas começando a se recuperar da recessão econômica que eliminara muitos de seus competidores. O corte de pessoal significava que todos estavam fazendo mais com menos. Ela tinha ciência das queixas nas conversas de corredor, e os números na tela confirmaram a sensação de que o moral estava baixo em toda a empresa.

O chefe de Michelle, e outros da diretoria, tinham dado a ela e à sua colega Lori, uma das estagiárias da empresa, a responsabilidade de encontrar um recurso (preferencialmente de baixo custo) que ajudasse os gerentes a driblar a negatividade e aumentasse o engajamento. Lori, sempre entusiasta, dissera mais cedo:

"Estou realmente animada com esse treinamento de valorização! Precisamos de ajuda para que os integrantes da equipe se sintam valorizados. Eles trabalham tanto, e os últimos anos foram muito difíceis, de modo que não fomos capazes de compensá-los da forma como mereciam."

Mas como os gerentes de departamento deveriam se encaixar nisso tudo? Michelle externou suas preocupações a Lori: "Um dos problemas é: todos estão ocupados. *Muito* ocupados. Veja meu exemplo. Chego aqui às 7h e saio às 18h. Alguns membros da equipe precisam vir nos fins de semana para dar uma cobertura extra. No RH, tudo o que podemos fazer é manter os cargos da linha de frente preenchidos. O trabalho é árduo e o salário não é maravilhoso, então as pessoas tendem a sair e buscar outro emprego, o que deixa o restante de nós se debatendo."

Lori assentiu. "Não podemos fechar um departamento e colocar todos no treinamento ao mesmo tempo. Então precisamos escolher alguns funcionários de alguns departamentos e fazer o treinamento com eles. Estamos trabalhando para resolver esse desafio de agenda."

Michelle acrescentou, franzindo a testa: "Mas, em segundo lugar, e mais importante, estou preocupada com uma grande reação dos supervisores e gerentes. Um já me disse: 'Como podemos ter tempo para dizer às pessoas que as valorizamos, quando mal temos tempo e energia para fazer o básico? Gosto da ideia, mas não vejo como posso pedir aos integrantes da minha equipe para fazer mais alguma coisa.'"

Lori concluiu: "Ele está certo. As pessoas estão trabalhando o máximo que podem. Mas precisamos disso."

De outra forma, pensou Michelle, as pessoas simplesmente vão sair, ou ficar e acabar se queimando ou ficando frustradas. Eles precisam fazer isso funcionar...

Setenta e nove por cento.

Setenta e nove por cento dos funcionários que saem voluntariamente de um emprego, citam a falta de valorização como um dos principais motivos.[1] E por que há falta de valorização? Posso declarar abertamente que — repetida, consistente e independentemente do tipo de configuração de trabalho — a razão número 1 pela qual as pessoas não comunicam mais valorização aos outros é a *sobrecarga*. Esta é uma realidade em empresas lucrativas, agências governamentais, organizações sem fins lucrativos, clínicas médicas, escolas e em cada indústria com a qual trabalhei.

Participantes do treinamento relatam frequentemente que acreditam que *o principal motivo pelo qual a valorização não é mais comunicada é porque as pessoas não têm tempo disponível para isso*. E é verdade, independentemente da posição — executivo, gerente, supervisor ou funcionário da linha de frente.

Na verdade, em um workshop, começamos a debater outros motivos pelos quais a valorização não é mais comunicada, e um indivíduo se levantou e disse: "Não, Dr. White, você não entende. Sobrecarga é o motivo número 1 e número 2 da valorização não ser mais transmitida! Simplesmente estamos ocupados *demais* e não temos tempo."

Entendi. No universo profissional de hoje, raramente alguém está querendo mais trabalho para fazer. (A menos que você seja um segurança noturno em uma fábrica de uma cidade pequena.) E sei que as pessoas também não querem mais itens em sua lista (ou listas) de afazeres.

Prometo aos nossos participantes (e a você) que nosso objetivo não é criar outra lista de "Reconhecimento" ou "Valorização". Nenhum de nós precisa disso.

REDUZINDO A SOBRECARGA DESNECESSÁRIA

A sobrecarga, é especialmente desnecessária e improdutiva, é como um crescimento rápido e insalubre que pode ocorrer em organismos vivos, como plantas. A sobrecarga consome os recursos (tempo, energia, dinheiro) em atividades que podem não ser saudáveis para a organização ou seus membros.

Como psicólogo, eu deveria saber alguma coisa sobre mudança de comportamento, e como ajudar as pessoas a mudar padrões de comportamento e hábitos. Um dos fatores que sabemos que aumenta a probabilidade de mudança no comportamento é se o *novo* comportamento estiver intimamente relacionado com um comportamento *existente*. Então, por exemplo, se você quer começar um programa de exercícios, terá mais probabilidade de sucesso se começar a fazer um exercício que, ou já fez anteriormente (ex. corrida) ou o novo comportamento (andar) é semelhante a um hábito anterior. Portanto, se você foi um corredor no passado, provavelmente terá mais dificuldades se tentar começar a natação.

De modo semelhante, no campo da valorização, nosso objetivo desde o início não é necessariamente estabelecer maneiras totalmente novas de se relacionar com seus colegas, mas sim *mudar levemente o que você já está fazendo, de forma a ser mais eficaz.* Esse é o poder das cinco linguagens de valorização. Somos capazes de ajudar supervisores e colegas a identificar ações que realmente comuniquem valorização a cada indivíduo ao invés de tentar uma abordagem única onde você realiza uma ação para todos.

Você não precisa criar formas totalmente novas de se relacionar com seus colegas. Mas pode mudar levemente o que já está fazendo de forma a se tornar mais eficaz.

Nem todo mundo gosta de elogios verbais. Nem todos querem passar tempo com você. Nem todos querem ajuda nas tarefas. Nem todos querem um presente. E, claramente, nem todos querem contato físico em um ambiente de trabalho.

Mas existem funcionários que desejam cada uma das diferentes linguagens. E quando ajudamos indivíduos que trabalham juntos a encontrar não apenas a *linguagem* de valorização que seus colegas preferem, mas também *ações específicas* que os fazem sentir-se valorizados, então podemos ajudar mais facilmente todos a atingirem o objetivo. Isso é melhor do que desperdiçar tempo e energia fazendo todo tipo de coisa que não tem qualquer impacto sobre a maior parte das pessoas.

Como um líder tentando implementar mudanças, se você não enfrentar a questão da sobrecarga, continuará experimentando resistência ao longo do caminho. Porém, se as pessoas souberem que você está ciente do problema e que está tentando ajudá-las de maneira que não aumentará seu nível de sobrecarga, mas que também diminuirá potencialmente o quanto ocupados estão, elas o ouvirão.

Nosso objetivo é ajudar supervisores e colegas a aprender quem:

- em seu grupo de trabalho, gosta de receber ocasionalmente um e-mail motivador,
- se sente valorizado quando alguém passa para ver como você está,
- gosta e se sente validado quando trabalha em um projeto em conjunto com outros,
- é motivado quando alguém lhe traz um café ou um lanche e,
- gosta da camaradagem de um "toca aqui" quando um projeto é completado com sucesso.

Assim, supervisores não precisam enviar um e-mail geral ou passar na mesa de cada um. Ajudamos trabalhadores a deixar de desperdiçar tempo e energia fazendo coisas que seus colegas de trabalho não valorizam (e até mesmo, às vezes, não gostam). Ao descobrir o que é importante para cada um, gerentes, supervisores e colegas podem ser mais eficientes e eficazes em suas ações.

Um reconhecido diretor de uma grande corporação multinacional, que ajudou a levar nossos recursos a milhares de seus funcionários, relatou:

"Um dos principais pontos fortes do processo de Valorização no Trabalho é que é de fácil implementação. Os recursos são adaptáveis a diferentes papéis e configurações, tornando possível o uso de modo imediato por funcionários da linha de frente, supervisores e gerentes."

VALORIZAÇÃO: NÃO APENAS PELOS SUPERVISORES

A maior parte dos programas tradicionais de reconhecimento de funcionários, historicamente coloca muita, se não toda, a responsabilidade pelo reconhecimento do bom trabalho dos membros da equipe sobre os ombros de gerentes ou de supervisores. Isso é lamentável e, na verdade, cria efeitos negativos indesejados.

Claramente, chamar a atenção ao trabalho benfeito de funcionários é uma boa prática. Quando a equipe se sente valorizada pelas contribuições que dá, desenvolve-se um senso de lealdade e engajamento emocional pela missão da organização. Porém focar somente em gerentes e supervisores para apoiar e comunicar valorização às suas equipes, frequentemente é uma expectativa irrealista que gera problemas:

- o gerente se sente excessivamente sobrecarregado tentando demonstrar valorização a todos os membros de sua equipe,
- membros da equipe ficam frustrados com seu supervisor quando acham que não recebem reconhecimento suficiente pelo trabalho que fazem,
- o supervisor pode ficar desmotivado com sua inabilidade de encorajar consistentemente todos os membros da equipe,
- uma negatividade e desapontamento geral pode se desenvolver apesar das tentativas do supervisor em ser positivo e motivador com relação aos seus colegas.

Como resultado, a segunda forma principal de abordarmos o obstáculo da sobrecarga é enfatizar que *comunicar valorização não é apenas responsabilidade de supervisores e de gerentes.* Essa é, na verdade, uma mudança de como começamos a aplicar as cinco linguagens de valorização. Inicialmente, estávamos focados em gerentes e supervisores, ensinando-os sobre as cinco linguagens e a importância da valorização. Porém, bem rapidamente, conforme trabalhávamos com várias equipes, começamos a receber retornos que nos ajudaram a ver a necessidade de alterar nossa abordagem. Após uma sessão de treinamento, um assistente administrativo me perguntou:

"Dr. White, quero aprender a motivar e apoiar uma colega. Essencialmente fazemos as mesmas tarefas, mas em lugares diferentes. Com frequência trabalhamos juntos em projetos, e ela parece bem desmotivada. Tento fazer o que posso para ajudar a motivá-la, mas acho que não está ajudando. Na verdade, às vezes ela fica mais agitada e irritadiça. Queria aprender a usar as cinco linguagens de valorização para ajudá-la."

Outros funcionários também começaram a perguntar se e como, os conceitos e resultados do Inventário de Motivação através da Valorização[1] poderiam ser usados para demonstrar valorização a colegas de trabalho, e até mesmo a colegas de departamentos diferentes. Resultado: desenvolvemos o Inventário de Perfil de Grupo de Motivação através da Valorização para ajudar nesse processo.

Quando acrescentamos a habilidade de identificar ações específicas ao inventário, também criamos o modelo do Inventário de Ação de Motivação através da Valorização, que fornece um formato para copiar e colar as ações específicas de cada relatório pessoal, de modo que todos os membros da equipe possam ter uma lista das ações valorizadas por seus colegas. Desenvolver esses recursos, e os incorporar ao treinamento de Valorização no Trabalho, tem sido extremamente útil a colegas de trabalho que querem compartilhar valorização uns com os outros.

E se um supervisor ou gerente não está tão "animado" em comunicar valorização, isso fornece um caminho para você mesmo tomar a iniciativa — e ajudar a organização.

GERENTES DEVERIAM COMUNICAR VALORIZAÇÃO, MAS...

Apenas para esclarecer, *não* estamos propondo que os gerentes desistam de suas tentativas de demonstrar reconhecimento e comunicar valorização aos membros de sua equipe. Sabemos que bons resultados são obtidos quando funcionários se sentem valorizados por seus supervisores.

Mas se tornou cada vez mais claro que funcionários precisam sentir-se valorizados tanto por seus supervisores, *quanto* por seus colegas. Na verdade, quando funcionários e supervisores comunicam valorização consistente e eficazmente aos seus colegas, resultados positivos ocorrem mais rapidamente, são mais intensos e o poder de seu efeito permanece por mais tempo.

O resultado? Comunicação positiva e melhora do moral a um nível jamais imaginado!

A valorização de um colega de trabalho pode ser simplesmente um "Obrigado por me passar o relatório tão rapidamente, Ann — isso realmente vai facilitar a preparação da apresentação, sem precisar ficar correndo no último minuto."

Quando os integrantes da equipe se sentem valorizados não apenas por seu supervisor, mas também pelos colegas — e quando aceitam a responsabilidade de encorajar e reconhecer o bom trabalho que os outros estão fazendo — ocorre um "efeito bola de neve" positivo que, virtualmente, pode se tornar impossível de deter.

Quero enfatizar novamente, entretanto, que transferir *total* responsabilidade dos gerentes para os pares não é uma boa ideia. Os gerentes precisam liderar pelo exemplo, por meio de ações de motivação à sua equipe, assim como fornecer treinamento e recursos para que colegas aprendam a comunicar uns aos outros, de forma eficaz, valorização genuína. (Caso contrário, a abordagem "Faça o que eu digo, mas não faça o que eu faço" levará ao aumento do cinismo e ressentimento com relação ao gerente.)

QUANDO VOCÊ ESTÁ NO MODO SOBREVIVÊNCIA

Algumas organizações estão realmente apenas aguentando, sem margem para qualquer coisa que não seja garantir sua sobrevivência. Um líder me perguntou: "Sim, mas e se todos estão verdadeiramente sobrecarregados e mal conseguindo manter a cabeça fora da água? Estamos nos sentindo realmente no modo sobrevivência. Deveríamos simplesmente desistir de tentar demonstrar valorização uns aos outros?"

Há tempos e épocas na vida de uma organização em que as pessoas estão trabalhando o máximo que podem, aparentemente pelo tempo que é humanamente possível — apenas para tentar atravessar uma crise ou ajudar a empresa a sobreviver. (Isso é, ou deveria ser, diferente de organizações ou departamentos que correm de uma crise para outra devido a planejamentos, decisões e implementações ruins.)

Tive a oportunidade de trabalhar com uma organização sem fins lucrativos, reconhecida internacionalmente, que, devido à crise econômica de 2008–10, e outros fatores internos, estava cambaleando. Eles já haviam reduzido a equipe em quase 50% por causa das significativas reduções nas doações financeiras, e ainda tentavam ajustar o barco.

Após um treinamento de meio-dia com um grande número de gerentes de divisão e supervisores de departamentos, uma gerente corajosamente me fez as perguntas da introdução desta parte.

Para ser honesto, vendo a exaustão e desespero nos olhos dela, precisei fazer uma pausa e organizar meus pensamentos antes de respondê-la. Eu não queria dar uma resposta fútil como "Bem, faça o melhor que puder". Nem queria encorajá-la, ou a outros líderes, a abandonar totalmente o processo de tentar demonstrar valorização e motivar os membros de sua equipe — porque isso também não parecia ser uma orientação saudável.

Respondi a ela, e ao grupo:

"Por um lado, devemos ser realistas. Neste momento, vocês e todos na sua organização não parecem estar em sintonia (emocional ou de tempo) para implementar os conceitos como temos discutido — supervisores fazendo o Inventário de Motivação através da Valorização e seus gerentes de RH organizando grupos de trabalho em sessões de treinamento de meio expediente.

"Por outro lado, não acho que vocês deveriam jogar fora o que querem e não fazer absolutamente nada. Ao invés disso, eu sugeriria que façam o que podem individualmente — sendo gratos uns com os outros ao executarem tarefas juntos, e tentar fazer isso na linguagem de valorização que é importante para cada um. (Todos já fizeram o Inventário de Motivação, então vocês têm os resultados.) Um pouco de motivação e apoio aqui e ali, mesmo se não for consistente, é melhor do que nenhum."

Parece que eles aceitaram meu conselho e o implementaram. Por fim, eles *foram* capazes de chegar a ponto de começar a conduzir o treinamento de Valorização no Trabalho com suas equipes, e implementar os conceitos pela organização.

"E SE ESTOU GERENCIANDO 50 PESSOAS?"

O segundo grande obstáculo que é levantado ocasionalmente está relacionado a ter um grande número de funcionários em sua equipe. O que segue, foi feito por um supervisor de uma fábrica, mas tenho escutado comentários semelhantes em outros lugares, especialmente em espaços de assistência médica:

"Sua abordagem parece boa para grupos menores, digamos, de 8 a 15 funcionários. Mas o que você faz quando, como eu, tem 40 ou 50 pessoas sob seu comando?"

Depois de ser esclarecido sobre a situação (e frequentemente desafiando a sabedoria da estrutura reportada!), compartilhei a abordagem que consideramos prática e razoavelmente bem-sucedida.

Nenhum supervisor (a menos que tenha poderes especiais como o Super-Homem ou a Mulher-Maravilha) pode manter contato real e bem-sucedido com 50 funcionários de modo a ser capaz de saber o que cada um faz, dar a ele supervisão, orientação e treinamento adequados, e conhecer o funcionário de forma pessoal e lhe dar *feedback* e valorização regulares de acordo com a preferência de cada um. Não é possível.

Um pouco de motivação e apoio aqui e ali, mesmo se não for consistente, é melhor do que nenhum.

Portanto, precisa ser aplicada uma abordagem de "dividir e conquistar" e priorizar. Como um supervisor não pode comunicar eficaz e regularmente valorização a um grande número de supervisionados, então é preciso identificar pequenos grupos de funcionários, e começar com eles. Mas, quem?

Quero me referir novamente à pesquisa que descobriu que 79% dos funcionários que deixam voluntariamente seus empregos alegam que a principal razão pela decisão é a de não se sentirem valorizados.[2] Isso significa que *se os principais integrantes de sua equipe não se sentem verdadeiramente valorizados, você corre o risco de perdê-los.*

A consequência? Se você tem uma grande equipe, talvez queira identificar esses *funcionários-chaves* tão importantes para sua organização que, se os perder, poderá ter sérios problemas — e focar seu tempo e atenção iniciais em comunicar autêntica valorização a eles. Essa abordagem é semelhante à abordagem do treinamento dos pontos fortes individuais. Você não quer perder os membros mais fortes, que contribuem para o sucesso de sua equipe.

Um segundo grupo de funcionários a ser considerado como prioridade na comunicação da valorização é aquele *dos que parecem estar desmotivados*. Depois de consolidar seus funcionários-chaves, faça outra triagem — procure pelos que precisam de apoio e motivação para que não se "desliguem" e se tornem totalmente ineficazes. Isso pode incluir alguém que tem trabalhado arduamente em um projeto de longo prazo, e tem se deparado com inúmeros obstáculos que estão tornando a tarefa especialmente difícil e atrasando seu progresso. Aproxime-se desses indivíduos e lhes dê encorajamento — chamando atenção para as decisões positivas que tomaram e dando-lhes a visão e esperança de sucesso.

O terceiro grupo de funcionários no qual deveria focar são aqueles que eu descrevo como *vitórias fáceis*. São pessoas com quem você trabalha diariamente, tem um bom relacionamento, e para as quais seria fácil você demonstrar que valoriza o que fazem e quem são (e pode acabar descobrindo o quanto eles desejam ser valorizados). Esse grupo dá um bom "Retorno de Investimento" em relação ao tempo e energia despendidos. É relativamente fácil comunicar-lhes valorização, e provavelmente atingirá a meta (uma vez que os conhece relativamente bem), e, como trabalha mais próximo a eles, provavelmente vivenciará alguns dos resultados positivos (bom humor, mais energia, menos reclamação).

A tática final é *delegar*. Se você não tem um "grupo de líderes" formal (ou com um título semelhante) a quem possa pedir que assuma responsabilidade formal de apoiar e motivar aqueles que estão sob sua liderança, busque por funcionários que são líderes por seu desempenho, personalidade e comportamento. Peça-lhes auxílio na comunicação de valorização entre os colegas. Considere identificar funcionários específicos em quem eles focarão nas semanas seguintes (dois a quatro colegas de trabalho é um número razoável).

Embora não haja soluções simples para o desafio de supervisionar e demonstrar valorização a um grande número de funcionários, consideramos que essa abordagem mantém a roda girando e tem efeitos positivos dentro do grupo de trabalho. A alternativa é sentir-se sobrecarregado e não fazer nada — o que não leva aos resultados que o supervisor e a equipe querem.

ALÉM DA SOBRECARGA

Sim, as pessoas são ocupadas. E virtualmente ninguém está procurando mais tarefas para fazer. Mas sobrecarga e hiperatividade não levam, necessariamente, a um ambiente de trabalho bem-sucedido — na verdade, podem ser contraproducentes para a saúde da organização e seus funcionários, roubando os recursos necessários para concluir tarefas mais importantes.

Ajudando grupos a aprender como demonstrar valorização aos outros de formas específicas que sejam significativas para cada pessoa (ao invés de usar uma abordagem "o mesmo para todos"), e com dividir a responsabilidade de comunicar valorização a colegas de trabalho, supervisores e subordinados diretos — os recursos da organização e seus integrantes individualmente, podem ser usados para nutrir e criar um ambiente de trabalho saudável.

PERGUNTAS PARA REFLEXÃO

Quando você descobre que a sobrecarga é o principal motivo relatado do porquê a valorização no ambiente de trabalho não é mais transmitida, acha que é consistente com sua percepção?

O que contribui para o nível de sobrecarga em seu ambiente de trabalho?

Quando você escuta sobre o objetivo de implementar valorização no trabalho mudando ligeiramente o que você já está fazendo, quais são suas reações?

Faz sentido para você tentar se comunicar com funcionários de formas significativas para eles ao invés de fazer as mesmas ações para todos? Quais desafios você vê associados a isso?

Dr. Paul White

Qual diferença você acha que fará para supervisores e gerentes quando aprenderem que comunicar valorização aos funcionários não é unicamente responsabilidade *deles*?

Que impacto você acha que terá em grupos de trabalho se colegas começarem a comunicar valorização uns aos outros (ao invés de esperar isso apenas de seu supervisor)?

Você acha realista colegas comunicarem valorização entre si quando o gerente não está fazendo isso? O que acha que aconteceria se colegas comunicassem valorização, mas o supervisor não?

Você já trabalhou em uma organização onde a equipe estava totalmente sobrecarregada e tentando apenas sobreviver? Acha que a valorização pode ser comunicada nesse ambiente? Por quê?

Que ideias você tem em resposta ao desafio de tentar comunicar valorização a um grande número de subordinados diretos?

Quando olha a lista dos possíveis grupos de funcionários com os quais começar, que grupo(s) parece ser o mais relevante à sua situação?

[ ] Funcionários-chaves

[ ] Colegas desmotivados

[ ] "Vitórias fáceis" (pessoas com quem trabalha mais diretamente)

PARTE 3

O DESAFIO DAS DIFERENÇAS

Diferenças — entre indivíduos, através de configurações de trabalho, entre culturas — são uma terceira fonte de obstáculos para que a valorização seja demonstrada eficazmente. A parte 3 cuida desse desafio:

- *Capítulo 6:* As características peculiares de vários tipos de configurações de trabalho.
- *Capítulo 7:* As diferenças fundamentais entre indivíduos.
- *Capítulo 8:* Como as culturas (dentro dos países e entre nações) veem e abordam a valorização de forma diferenciada.

6

CONFIGURAÇÕES ÍMPARES

Alexandra foi falar com Steffanie enquanto as duas preenchiam os crachás em um evento de uma OJP (Organização de Jovens Presidentes). "Oi Stef, que bom ver você. Isso deverá ser divertido!", disse Alex, uma supervisora de uma organização sem fins lucrativos que cuida de crianças e famílias.

"Sim, e instigante", acrescentou Steffanie, uma assistente do diretor de uma escola de ensino médio. "É uma ótima ideia reunir tantos tipos de organizações diferentes. Estou interessada em ver como todas essas diferentes organizações podem usar essa informação."

As duas mulheres tinham se inscrito para um amplo evento de treinamento sobre "Aplicar as cinco linguagens de valorização em Seu Local de Trabalho". O evento foi muito concorrido, com inscrições acima do esperado — na verdade, o interesse foi o maior de qualquer outro treinamento realizado em muitos anos.

Líderes de uma ampla gama de companhias e organização estavam presentes, incluindo conselheiros financeiros e empresas de seguros, donos de uma cadeia de varejo de depósitos de madeira, escritórios de advocacia, líderes do hospital local, gerentes da cidade e da região, o superintendente assistente e diretores das escolas do maior distrito escolar da região, equipes de gerentes de pequenas fábricas, uma cadeia regional de restaurantes, assim como organizações sem fins lucrativos, como a de Alex.

O treinamento foi estruturado da seguinte forma: algumas palestras, pequenos grupos de discussões, exemplos em vídeo, grande grupo de perguntas e respostas e planilhas pessoais para a aplicação dos conceitos. Líderes foram encorajados a se misturar e não sentar com colegas de suas empresas. Resultado: indivíduos de variados tipos de negócios interagiam em cada mesa.

Durante um dos momentos de pequenos grupos de discussão, onde os participantes refletiam sobre os desafios práticos que viam em tentar aplicar as cinco linguagens de valorização em seus locais de trabalho, aconteceu uma acalorada interação entre líderes de uma mesa.

Mark, um gerente de divisão do município, colocou sua preocupação: "Gosto muito dos conceitos que estamos discutindo e acho que seriam úteis para melhorar o moral dentro de nosso departamento. Mas estou preocupado com o sentimento generalizado de negatividade e impotência de nossa equipe subalterna. Simplesmente não tenho certeza se trabalhar a valorização seria capaz de romper essa barreira."

"Concordo, Mark", Margo entrou na conversa. "Trabalhar para a comunicação de valorização autêntica seria realmente útil no hospital, em especial entre a equipe clínica. Mas temos tanto cinismo com relação aos treinamentos anteriores, coisas como 'escreva um bilhete de agradecimento uma vez por semana', que a resistência é alta. E não tenho certeza como implementaríamos 'tempo de qualidade' — nossa equipe não tem tempo de sobra quando está atendendo pacientes."

Steffanie, a assistente do diretor da escola, acrescentou: "Temos desafios diferentes dentro das escolas. Por um lado, tivemos uma boa recepção às cinco linguagens, uma vez que muitos professores estão familiarizados com *As cinco linguagens do amor* (Ed. Mundo Cristão, 2013). Uma questão que temos é o fato de que os professores raramente veem uns aos outros em sala de aula, então isso cria algumas dificuldades para saber o que elogiar. Também, temos uma divisão entre corpo docente e equipe de apoio — um tipo de dois grupos dentro da escola."

"Bem, como estamos levantando preocupações, vou acrescentar a minha", Jim, do escritório regional de uma grande cadeia de restaurantes, disse. "Temos supervisores que coordenam de 35 a 40 funcionários — e em dois turnos diferentes. Não tenho certeza de como eles podem aplicar esses conceitos a tantas pessoas que se reportam a eles."

Alex comentou: "A dificuldade que temos que resolver está na linguagem de presentes. Dar a um colega um vale-presente de 20 dólares quando você está trabalhando com famílias sem-teto é uma coisa esquisita. Espero que eles tenham algumas ideias de presentes que não custem muito dinheiro."

"Bem, vamos ver", Jim concluiu, enquanto o grupo era chamado a voltar à discussão mais ampla.

NOTA INTRODUTÓRIA: Este é um capítulo longo porque são abordados os desafios encontrados em inúmeras configurações de trabalho. Ao invés de ler o capítulo inteiro, recomendamos que leia a introdução, a parte sobre o Inventário de Motivação através da Valorização, e a conclusão. Então, pode escolher outras seções que estão mais diretamente relacionadas a você. As configurações de ambiente de trabalho abordadas são:

- Órgãos governamentais
- Relacionamentos profissionais a distância e individuais
- Centros de saúde
- Ambientes militares

- Organizações e ministérios sem fins lucrativos
- Vendas e gerentes de vendas
- Escolas (Ensino fundamental e médio)

AMBIENTES DE TRABALHO VIBRANTES: não são todos iguais

Os ambientes de trabalho vibrantes não são todos iguais. Assim como um tomateiro saudável é significativamente diferente de um florescente arbusto de amoras, então ambientes de trabalho que são caracterizados por uma energia positiva e dinâmica também diferem entre si de muitas formas.

Logo após lançar *As cinco linguagens de valorização pessoal* no ambiente de trabalho, comecei a falar para vários grupos sobre como comunicar eficazmente a valorização no trabalho. Conforme falava em ambientes hospitalares, empresas, quartéis, escolas, ministérios e órgãos governamentais, pude ver que há uma variedade de ambientes de trabalho com necessidades diversas.

Ainda não encontramos uma configuração de trabalho na qual as cinco linguagens de valorização não possam ser aplicadas com sucesso.

Posso declarar sem dúvida que *ainda não encontramos uma configuração de trabalho na qual as cinco linguagens de valorização não possam ser aplicadas com sucesso*. Na realidade, um dos pontos fortes de nosso processo é que comunicar valorização autêntica usa princípios fundamentais aplicáveis a qualquer tipo de ambiente de trabalho, mas que podem ser adaptados aos aspectos peculiares de cada configuração profissional.

Neste capítulo, daremos exemplos de uma série de configurações de trabalho, e identificaremos os desafios frequentemente experimentados. Iremos sugerir formas para superar essas barreiras, de modo que a valorização possa ser comunicada com sucesso e a equipe possa desenvolver ambientes de trabalho vibrantes.

A IMPORTÂNCIA DA MOTIVAÇÃO POR MEIO DO INVENTÁRIO DE VALORIZAÇÃO

O ponto chave no processo de aplicar a valorização a vários tipos de organizações é explicar o Inventário de Motivação através da Valorização e como ele funciona. O Inventário MAV não apenas identifica as linguagens de valorização de preferência dos indivíduos, como também as ações específicas que são significativas para eles.

É evidente que características peculiares existem em variadas de configurações de trabalho, o que muda como pode ser a linguagem de valorização na vida diária. Por exemplo, uma forma de servir em um ambiente escolar pode ser auxiliar os alunos de outro professor a ligarem para os pais. Porém, em um ambiente clínico, uma forma de servir poderia ser atender as chamadas de pacientes de seu colega para que as luzes não fiquem acesas no painel.

Como resultado, desenvolvemos diversas versões do Inventário de Motivação através da Valorização para abordar as características específicas de diferentes configurações de trabalho. Essas configurações incluem trabalho a distância, órgãos governamentais, centros de saúde, militares, sem fins lucrativos e ministérios, vendas e gerentes de vendas, e escolas.

DESAFIOS ESPECÍFICOS: O QUE ELES DIZEM

Entrevistamos muitos indivíduos de diversas configurações de trabalho para saber o que pensam sobre os desafios específicos de comunicar valorização em seus ambientes de trabalho, e as formas de superar os obstáculos. As respostas a seguir foram compiladas de indivíduos que trabalham em cada uma das configurações identificadas e que estão familiarizados com nossos recursos de Valorização no Trabalho. Suas respostas refletem sua própria perspectiva e estilo de comunicação pessoal. Agradeço por suas ideias sobre como aplicar na prática os conceitos de Valorização no Trabalho em seus ambientes peculiares.

Agências governamentais

Quais são as características da configuração de função/trabalho que tornam a comunicação de valorização em órgãos governamentais um desafio?

Geralmente é desencorajador o modo como as promoções são estabelecidas. Na prática, a pessoa é promovida ao próximo patamar da carreira quando está na função há um certo tempo, assim a promoção é baseada somente no tempo de serviço ao invés de na habilidade dela para executar a função no próximo nível. Essa abordagem coloca pessoas em postos para os quais não estão capacitadas devido ao nível acadêmico que possuem. Então, como supervisor, se torna difícil valorizar um funcionário que não está tendo um desempenho de acordo com a posição que ele ocupa.

Quais são as presunções ou estereótipos típicos sobre funcionários públicos e como eles são motivados?

O estereótipo típico de funcionários públicos é que são preguiçosos e maus trabalhadores. Embora no sistema haja alguns que se enquadram nesse estereótipo, essa não é a regra. Há muitos bons funcionários no serviço público, que se importam com o que fazem e que têm grande orgulho de estarem realizando um bom trabalho.

Quais são as reações negativas comuns à valorização — tanto de funcionários subalternos, seus supervisores ou de altos gerentes?

Acho que as reações negativas comuns que vêm de funcionários subalternos são: "Para o trabalho do governo já está bom demais" ou "De qualquer forma, ninguém se importa". Com frequência, eles não se veem motivados a realizar um trabalho de qualidade, o que torna difícil valorizá-los pelo que fazem.

Então os supervisores desenvolvem uma postura de "Se quiser algo benfeito, faça você mesmo". Uma falta de credibilidade na equipe cresce e se expande até os níveis mais altos da administração. Obviamente, isso não estabelece um sentimento de confiança nos outros ou orgulho do que está fazendo como parte da equipe.

Acrescente a essa dinâmica a aparente mudança constante (liderança, regras, procedimentos, prioridades) que ocorre dentro das organizações, e você terá um crescente cinismo e negatividade permeando todos os níveis —, pois eles não têm muita esperança de que algum dia acontecerão mudanças verdadeiras.

Quais são alguns dos princípios básicos para a implementação da valorização dentro de organizações governamentais?

O princípio básico determinante em uma organização governamental é que a mudança precisa vir de cima. Funcionários seguirão o exemplo estabelecido pela administração superior. Mesmo que alguns funcionários dos níveis mais baixos possam ser motivados à mudança, o apoio e a liderança de supervisores e gerentes precisam acontecer para que as mudanças realmente funcionem.

Há armadilhas ou erros a evitar?

A maior armadilha é a falta de continuidade que parece ocorrer repetidamente.

Há algumas etapas ou abordagens positivas a fazer que ajudarão a superar os desafios comuns?

Uma das etapas que ajudou até agora foi criar equipes. Reunir pessoas que estão motivadas para ajudar a manter os prazos e metas. Trabalhar junto para aplicar o conceito de valorização autêntica e aprender com as experiências dos outros com seus grupos é realmente útil para manter o rumo e continuar seguindo.

A DISTÂNCIA / VIRTUAL

Quais são as características das relações de trabalho a distância ou virtual que tornam a comunicação da valorização desafiadora?

O obstáculo mais óbvio é a limitada comunicação presencial com nossos colegas de trabalho. A maior parte das interações é por telefone e e-mail, com eventuais videoconferências. Esse é o "cerne da questão" — e para alguns funcionários mais do que para outros, é mais do que um problema.

Trabalhar a distância (ou em um grupo de trabalho totalmente virtual) fornece poucas oportunidades diárias de conhecer seus colegas profissional e pessoalmente. Ocorrem poucas interações espontâneas, seja simplesmente perguntar como foi o fim de semana de um colega, ou se reunir no calor do momento para debater uma questão com a equipe.

Por causa disso, existem poucas interações e oportunidades para construir relacionamentos e confiança. Relacionamentos podem ser "estritamente profissionais", onde todas as interações estão relacionadas às tarefas que precisam ser finalizadas.

Para um funcionário virtual, tentar comunicar valorização a outros integrantes da equipe, expressando seus pensamentos por escrito, às vezes pode ser mais difícil do que um simples comentário verbal ocasional.

Quais são as presunções ou estereótipos típicos sobre funcionários virtuais ou que trabalham a distância, e como eles são motivados?

Funcionários virtuais valorizam tipicamente a flexibilidade do tempo (agendando o dia de trabalho conforme se encaixa em sua programação e nos melhores horários), e também a capacidade de trabalhar em diversos lugares onde produzam melhor.

Funcionários a distância bem-sucedidos (nem todos trabalham bem nesse tipo de configuração) estão aptos a trabalhar com menos supervisão diária. Eles tendem a ser motivados mais pelos resultados (completando tarefas) e, com frequência, são empreendedores, motivados pelas vendas que fazem e pela renda que geram.

Um aspecto importante de trabalhar a distância é que seus pares ou seu supervisor não veem tudo o que você está fazendo e podem não perceber todo o tempo e esforço necessários para completar a tarefa ou alcançar a meta. Então pode haver uma sensação de que os outros não entendem realmente o que você faz.

Quando trabalha a distância, pode haver uma sensação de que os outros não entendem realmente o que você faz.

Quais são as reações negativas comuns à valorização — tanto de funcionários virtuais, quanto de seus supervisores ou gerência?

Como geralmente há menos interação, a natureza do relacionamento com colegas e com o supervisor é diferente. As interações tendem a ser mais profissionais (fatuais, sobre tarefas), e pode ser desenvolvida uma relação menos emocional, atenciosa. Isso pode então dificultar (para ambos os lados) a comunicação da valorização do outro —, pois isso permeia o reino do emocional/relacional.

Por fim, alguns funcionários podem sentir-se totalmente desconectados do restante do grupo de trabalho, e achar que são tratados simplesmente como uma "unidade de trabalho" porque, virtualmente, todas as interações entre eles são sobre execução de tarefas.

Quais são alguns dos princípios básicos para a implementação da valorização em relacionamentos de trabalho a distância?

Parece haver dois componentes principais: *tempo estruturado* e *interações espontâneas*. Em algumas situações, se o tempo para interação não é estruturado, ele raramente acontecerá. Isso inclui ligações telefônicas, videoconferências e ocasionais encontros ao vivo. Quando isso ocorre, é importante usar a oportunidade com sabedoria para construir um relacionamento que vai além das obrigações profissionais. Envolver funcionários a distância em comemorações da equipe (mesmo se for virtualmente, via vídeo) é importante, ao invés de apenas deixá-los de fora. Algumas vezes é importante deixar que o funcionário escolha se quer comparecer a um evento: embora você possa pensar que é pedir muito, eles se sentem honrados em ser convidados e incluídos.

Quando possível, criar outros tipos de atividades que possam ser realizadas em conjunto para desenvolver seu relacionamento — almoçar juntos ou fazer algo divertido após uma reunião.

Como desenvolver confiança é mais difícil em relacionamentos profissionais virtuais, manter sua palavra e agir com integridade é importantíssimo. Isso inclui ser pontual e estar presente para chamadas ou videoconferências agendadas. Dar seguimento a um compromisso assumido para obter um recurso para o membro da equipe, ou marcar uma reunião com outro líder que possa ajudá-los mais facilmente a realizar a tarefa, os ajudará a sentir-se importantes para você.

Como interações espontâneas (andar até o estacionamento, se encontrar no corredor) não são frequentes, você quase que precisa "agendar" conversas não programadas. Separe um tempo para simplesmente falar (por telefone ou vídeo), ou deixe um tempinho para conversar antes ou depois de uma ligação agendada.

Seja proativo em falar com o membro da equipe sobre questões não profissionais: Como está a família? O que fez no fim de semana? Pergunte sobre projetos não profissionais (ex.: obras, mudanças) em que estão envolvidos, ou converse sobre esportes.

Dê aos seus funcionários virtuais a oportunidade de compartilhar o que seria útil para eles. Pergunte: "Como posso ajudar?". Ouça, e então faça o que puder para que as solicitações sejam atendidas.

Há armadilhas ou erros a evitar?

A principal que me vem à mente é a falta de retorno. Se você diz: "Darei um retorno até o fim da semana", mas não dá (pois não os ver faz com que não se lembre deles), acaba por enviar a mensagem de que o funcionário não é importante para você.

Há algumas etapas ou abordagens positivas a fazer que ajudarão a superar os desafios comuns?
Trabalhar consistentemente para desenvolver confiança e comunicação. Isso não pode ser subestimado nos relacionamentos de trabalho a distância.

CENTROS DE SAÚDE

Quais são as características da configuração de função/trabalho que fazem com que a comunicação de valorização em centros de saúde seja um desafio?
TEMPO é um desafio enorme. Parece que estamos sempre atrasados com o trabalho, é como se nunca houvesse tempo suficiente para fazer tudo o que deveríamos. Então é necessário haver maneiras de diariamente comunicar valorização de forma rápida e fácil.

Todos os profissionais da saúde vivem sob a tirania da urgência — mas essa tirania é diferente na saúde, porque a vida das pessoas depende de nossa prontidão. O resultado é que sentimos uma pressão extra. A falta de tempo disponível torna importante encontrar formas breves, porém significativas, de comunicar valorização.

Para chefes de enfermagem, isso pode incluir fazer rondas no andar no intervalo das reuniões e conferências com a equipe. Se uma enfermeira está com um paciente, esperar que termine sua tarefa (ao invés de interromper ou apenas seguir adiante) pode passar uma mensagem.

Aparecer para verificar a equipe do turno da noite pode ser realmente impactante (os funcionários do turno da noite normalmente se sentem como o "enteado"). Mesmo que eles não estejam disponíveis, deixe um bilhete para eles com o número do seu telefone e um convite para ligarem para você, pode ser encorajador.

Arrogância parece ser uma questão reinante. Entre alguns, há claramente a postura de "Por que preciso valorizar as pessoas por fazerem seu trabalho? Eu faço o meu. Por que você simplesmente não faz o seu?"

Outro desafio é a dificuldade de equilibrar a necessidade por *feedback* construtivo (em especial em um ambiente de treinamento) *versus* valorização. Algumas vezes a equipe tem dificuldade de aceitar que pode ser valorizada e apreciada, mas, ao mesmo tempo, podem haver áreas nas quais é preciso melhorar.

Quais são as presunções ou estereótipos típicos sobre enfermeiras, funcionários, administradores, e como eles são motivados?

Algumas pessoas externas ao sistema de saúde parecem acreditar que os profissionais da saúde (em especial médicos ou especialistas) fazem o que fazem principalmente pelo dinheiro. Isso não parece ser verdade para a maioria desses profissionais — o objetivo principal não é o dinheiro. É cuidar do paciente.

Algumas vezes a equipe tem dificuldade de aceitar que pode ser valorizada e apreciada, mas, ao mesmo tempo, podem haver áreas nas quais é preciso melhorar.

Outro estereótipo negativo é quando as pessoas acham que viemos apenas para cumprir nosso expediente e só. É possível que algumas equipes clínicas sejam assim, mas a grande maioria não é. Somos mais motivados quando realizamos algo que faz diferença, não necessariamente que nosso chefe, outras pessoas, ou até mesmo o paciente, saiba. É quando NÓS sabemos que fizemos a diferença.

Com relação a premiações tangíveis, enfermeiras e equipe de apoio não precisam de coisas grandes — são as pequenas ações vindas da administração que podem fazer diferença. Por exemplo, quando um hospital local retirou o benefício do desconto na refeição da equipe (não era muito, mas era alguma coisa), o moral decaiu. Não ficou claro o quanto esse desconto estava custando ao hospital, mas todos se sentiram traídos; toda a equipe decidiu que não voltaria mais a comprar na cafeteria do hospital. Mais tarde, o hospital reduziu significativamente o adicional dos turnos — quer dizer, o extra pago pelo trabalho noturno e nos fins de semana. Isso fez o hospital economizar muito dinheiro, mas, novamente, os funcionários se sentiram insignificantes e sem importância.

De modo semelhante, se alguma guloseima especial é fornecida à unidade, garanta que haja o suficiente para todos. Como clínico atendendo pacientes, é realmente desencorajador terminar a ronda, ir pegar um lanche e a comida ter acabado.

Quais são os tipos comuns de reações (negativas, resistência) a uma abordagem de valorização — tanto dos próprios membros subordinados da equipe, quanto de seus supervisores e gerentes?

Visto que os centros de saúde estão normalmente focados em problemas, profissionais de saúde tendem a buscar o lado "negativo" e então tentar resolver a questão. "O que está errado aqui? Por que não está funcionando melhor?" Consequentemente, o lado negativo se destaca na mente das pessoas e elas têm dificuldade de pensar coisas positivas para valorizar umas às outras.

Às vezes, as pessoas se perguntam o quanto foi refletido sobre a valorização dada — é sincera? Ou o outro está sendo manipulador? A valorização precisa ser consistente e regular. Se for comunicada apenas esporadicamente, seus motivos se tornam suspeitos.

Que princípios básicos funcionariam bem com equipes de saúde? Que armadilhas ou erros a evitar?

A valorização parece ser mais significativa quando comunicada em tempo hábil, e quando os subordinados da equipe ouvem comentários positivos dos profissionais. Profissionais de saúde precisam ter mais consciência do impacto positivo em potencial que têm sobre o moral dos integrantes de sua equipe, com apenas um pequeno esforço.

> **A valorização *pode* funcionar em ambientes de saúde**
> A equipe de uma clínica ambulatorial de fisioterapia fez o *Inventário MAV* e começou a praticar a comunicação da valorização na linguagem de preferência da outra pessoa — e até tentaram "agradecer" uns aos outros mais regularmente. Após trabalhar com eles periodicamente durante quatro meses, disseram-me: "Dr. Paul, não precisamos mais de você. A valorização agora se tornou parte de nossa cultura!"

Há algumas etapas ou abordagens positivas a fazer que ajudarão a superar os desafios comuns?

Comprometa-se em implementar a valorização no ambiente de trabalho ao longo do tempo. Certifique-se de que a equipe saiba que não é apenas mais um "brinde do mês". Incorpore o processo de demonstrar a valorização nas reuniões de equipe, e tenha treinamentos e debates de acompanhamento.

Estar disposto a ajudar quando um colega está se sentindo sobrecarregado é muito importante. Certa vez uma chefe de enfermagem veio de avental (e não com roupa administrativa) e disse: "Como posso ajudar?" Foi encorajador ver que ela estava disposta a sujar as mãos e ajudar de forma prática.

Novamente, não subestime o impacto da alimentação como um ato de incentivo. Quando você trabalha em turnos de 12 horas, alguns bolinhos ou aperitivos em uma bandeja podem ser realmente encorajadores, tanto física quanto emocionalmente!

AMBIENTES MILITARES

Quais são as características da configuração de função/trabalho que tornam a comunicação de valorização em ambientes militares um desafio?

Comunicar valorização em um ambiente militar pode ser especialmente difícil devido a duas questões: a) a cultura militar como um todo, e b) os sistemas de recompensa e de reconhecimento já estabelecidos.

A cultura militar (falando aqui de modo geral) é muito focada em realização e percepção. Há objetivos específicos e públicos a serem alcançados (ser promovido, terminar um curso, ser designado para uma unidade especial) que exibem símbolos exteriores de conquistas (distintivos de patentes, de unidades, de locação). Para todas essas conquistas há "regras" claramente definidas.

Há também sistemas de recompensa bem definidos, alguns dos quais são mais públicos do que outros. Por exemplo, ser agraciado com uma medalha, normalmente é acompanhado de uma demonstração exterior de reconhecimento, como uma cerimônia para a entrega da medalha ou de uma fita.

É importante observar que um desafio significativo no ambiente militar é diferenciar entre reconhecimento por conquista e a valorização do indivíduo. Como o reconhecimento pelo desempenho é um aspecto fundamental dessa cultura, muitas vezes supervisores e oficiais precisam de ajuda extra para ver como a valorização em nível pessoal do indivíduo pode complementar a conquista de premiação. Um exemplo simples deve ser suficiente: não é incomum os líderes receberem uma ordem de que condecorações devam ser determinadas pela unidade. Algumas vezes um oficial ou um supervisor pode então mandar que os membros de sua equipe escrevam seu próprio relatório recomendando (a si mesmos) para uma condecoração — o que na verdade, não engendra uma sensação de valorização autêntica pelo agraciado!

Quais são as presunções ou estereótipos típicos sobre militares, e como são motivados?

Um estereótipo típico sobre militares é que tanto sua motivação, quanto sua preferência em ser valorizados é orientada por objetivos externos. Em certo sentido, virtualmente todos os militares estão preocupados com a exibição exterior da valorização destacada militarmente. Isso porque, em termos bem práticos, seu sustento é determinado por como são avaliados seus relatórios de desempenho, quantas medalhas e distinções receberam, e em quais unidades serviram (por exemplo, a *101st Airborne Division*, uma divisão de elite das Forças Armadas dos EUA). Entretanto, essa ênfase em reconhecimento exterior não significa que essas premiações por desempenho sejam *tudo* o que é importante aos militares. Assim como qualquer outro indivíduo, militares podem desejar receber valorização pessoal e autêntica, comunicada das formas que eles apreciam.

Quais são as reações negativas comuns à valorização — tanto dos próprios praças, quanto de seus supervisores ou oficiais?

Um militar pode sentir resistência a determinadas formas de valorização que podem ser vistas como suaves ou sensíveis. O sistema militar valoriza resultados, e o sistema de recompensas é estabelecido para premiar comportamento que leva a resultados. Assim, qualquer coisa que não leva especificamente a um resultado observável pode ser vista como desnecessária, e ser descartado. Palavras, por exemplo, são vistas como ferramentas úteis para encorajar comportamentos específicos e desencorajar outros. Mas o uso de palavras de forma excessiva ou desnecessária, que não leva nomeadamente ao cumprimento da missão (assim como encorajamento) poderia ser facilmente abandonado, dando lugar ao uso do tempo e energia que obtém resultados imediatos.

Um comentário sarcástico comum que é possível ouvir em reação à sugestão de melhorar a comunicação da valorização pode ser: "Se o Exército quisesse ter uma linguagem de valorização, teria criado uma!" Quer dizer, o Exército sabe e dará tudo (e somente) o que você precisa.

Por outro lado, o sistema militar *valoriza* o toque físico apropriado e a camaradagem de uma forma que a maior parte da cultura restante não valoriza.

Quais são alguns dos princípios básicos para a implementação da valorização entre os militares?

A liderança precisa acabar com a mentalidade de que só se deve fazer o tipo de valorização restrita ao sistema militar. As pessoas realmente querem saber que você se importa com elas, e não apenas que o que se faz por elas seja somente "porque é o que fazemos".

Há armadilhas ou erros a evitar?

Algumas vezes não dar um prêmio/promoção/avaliação devida a um indivíduo pode ser mais danoso do que qualquer das outras formas de valorização. Esse é, em especial, o caso dos militares, onde esses tipos de valorização são muito exibidos externamente e têm implicações significativas na carreira.

Há algumas etapas ou abordagens positivas a fazer que o ajudarão a superar os desafios comuns?

Demonstrar cuidado e preocupação genuína são o mais importante. Duas questões significativas:

Perceber que há outras formas de demonstrar valorização genuína fora do sistema militar de condecorações, insígnias e medalhas (seja criativo!).

Lembrar que qualquer valorização deve ser feita genuinamente (e que o que não é feito também fala alto).

** Veja como obter o artigo *Resiliency, Social Support & Appreciation in Workplace* (Resiliência, apoio social e valorização no ambiente de trabalho) no eBook Gratuito e seção de Recursos Adicionais ao final do livro.

ORGANIZAÇÕES SEM FINS LUCRATIVOS (ONGS) / MINISTÉRIOS

Quais são alguns dos princípios básicos para a implementação da valorização dentro de organizações sem fins lucrativos?

Comece com a equipe principal de liderança e então foque em líderes voluntários chave, em particular naqueles que lideram muitos voluntários. Nas organizações sem fins lucrativos com as quais trabalhei, aprender a procurar a personalidade e as qualidades pessoais que seus companheiros de equipe e voluntários trazem para o grupo (além do que fazem) o momento "ahh" do treinamento de Valorização no Trabalho.

Há armadilhas ou erros a evitar?

Em um esforço para ser justo ao dar pequenos presentes, apenas não dê o mesmo presente! Seja criativo e aprenda sobre o indivíduo — o que gosta, esportes, passatempos etc. Isso pode ser uma grande vitória no fazer o outro se sentir notado e valorizado individualmente: quando você separa um tempo para saber mais sobre a equipe ou voluntários.

Muitos membros da equipe trabalham longas horas e se dedicam incansavelmente à missão da organização, servindo voluntários e clientes. A equipe frequentemente tem pouco tempo para valorizar um ao outro e pode facilmente achar que está tudo bem. Um evento ou retiro da equipe usando os materiais da Valorização no Trabalho é claramente um valioso realce na cultura!

Há algumas etapas ou abordagens positivas a fazer que ajudarão a superar os desafios comuns?

Mude as coisas! Ao invés de fazer um piquenique, almoço ou jantar de valorização, separe um tempo para conhecer e se conectar com os voluntários, particularmente os principais em posições de liderança.

Para a equipe, planejar e organizar eventos de valorização leva muito tempo e esforço. Se, ao longo do tempo, a organização desses grandes eventos fosse substituída por um contato mais individual, poderia ser mais bem recebida pela equipe e voluntários, e também poderia gastar menos tempo!

VENDAS / GERÊNCIA DE VENDAS

NOTA: Embora "vendas" e "gerência de vendas" não seja uma indústria específica em si (elas estão dentro da maioria das empresas), as características das equipes de vendas são bastante diferentes de outras posições nas empresas, então sentimos que era importante abordar seus desafios separadamente.

Quais são as características da configuração de função/trabalho que tornam a comunicação de valorização a vendedores um desafio?

A administração e líderes empresarias enfatizam enormemente as vendas. Eles realmente agem sob a crença que "nada é feito até que algo seja vendido". Por consequência, há o desenvolvimento de um alto grau de reconhecimento de desempenho dentro das organizações de vendas, porque os resultados são virtualmente importantes para o negócio e facilmente mensuráveis (vendas registradas, receita, lucro bruto etc.).

Para o pessoal de vendas, o foco no desempenho é refletido nestas práticas comuns:

- Resultados normalmente são divulgados, destacando os melhores desempenhos.
- Muitas vagas de vendas têm um componente variável na remuneração (bônus e comissões) que premiam diretamente as melhores performances.

- Historicamente, a maioria dos treinamentos de vendas focam apenas em resultados, com pouco *feedback* ou destaque em comportamentos e traços de caráter que levam a tais resultados.
- Comemoração, seja formal ou informal, normalmente é feita quase exclusivamente por/com o pessoal de vendas, quando uma grande venda é fechada.
- Sendo o impacto principal de reconhecimento continuado e feedback focado somente em resultados, dá a ilusão de que está sendo transmitida "valorização" suficiente, e nenhuma outra ação é necessária. Portanto, a expressão de valor individual (além do desempenho) é descartada ou dispensada.

Quais são as presunções ou estereótipos típicos sobre o pessoal de vendas, e como são motivados?

As posições em vendas tendem a ser algumas das mais compensadoras financeiramente. Pessoas com altas aspirações de ganhos financeiros gravitam nessas posições. Centrar-se apenas na visão monetária e assumir que a ÚNICA motivação do pessoal de venda é o dinheiro, leva a um conceito distorcido desse profissional. Por outro lado, comportamentos positivos baseados em caráter que levam a um relacionamento de confiança precisam ser valorizados pelo bem do vendedor e do negócio.

Quais são as reações negativas comuns à valorização — tanto do próprio pessoal de vendas, quanto de seus gerentes?

Uma das respostas mais frequentes dos executivos de vendas (aqueles que supervisionam a equipe) é "A valorização deles está no cheque da comissão". Supervisores e gerentes de outras áreas do negócio comentam às vezes: "Representantes de vendas funcionam a base de moedas". Esses tipos de reações derivam da crença de que recompensas financeiras são a principal (se não a única) motivação dos que trabalham com vendas.

De modo semelhante, muitos gerentes de vendas temem que uma mensagem de valorização aos membros de sua equipe seja entendida como uma licença para produzir menos. "Seu eu digo ao Jim: 'Você está fazendo um bom trabalho buscando novos clientes', ele pode tirar um pouco o pé do acelerador e diminuir o ritmo — o que é exatamente o oposto do que eu quero que aconteça."

O pessoal de vendas precisa manter uma postura positiva para enfrentar a rejeição diariamente. Pode parecer aos que os cercam (em especial aos colegas de outras áreas) que eles estão indo bem e que são superencorajados. Por consequência, a projeção dessa postura positiva pode levar outros a não expressarem valorização porque acham que não há necessidade.

No caso do próprio pessoal de vendas, uma postura cínica pode ser sua reação primária à mensagem de valorização: "Tudo bem, mas o que você realmente quer de mim?" Ou, "Certo, como sou tão bom, o quanto você vai aumentar a minha quota?" Isso reflete sua crença (ou experiência anterior) de que o propósito principal de um elogio é "preparar" o vendedor para concordar com uma demanda nova ou ampliada.

Quais são alguns dos princípios básicos para a implementação da valorização entre o pessoal de vendas? Há armadilhas ou erros a evitar?

Se por um lado, o pessoal de vendas aprecia a valorização demonstrada por seu gerente ou colegas, qualquer valorização comunicada por um cliente carrega um valor muito alto. Essencialmente, o cliente é um "fator de amplificação" — qualquer valorização expressada, que inclui um *feedback* positivo de um cliente, pode ter um imenso impacto sobre o vendedor.

Por outro lado, uma forte sensação de desrespeito resultará se qualquer ação prejudicar seu relacionamento com um cliente. Um representante disse: "Tenho um novo gerente que faz-me sentir insignificante não

Para o pessoal de vendas, qualquer valorização comunicada por um cliente carrega um valor muito alto.

respondendo aos meus e-mails e mensagens de texto em tempo hábil, o que dificulta que eu passe cotações aos clientes."

Qualquer expressão de valorização sobre a personalidade de uma pessoa de vendas pode ter um impacto significativo. Como o processo é fortemente focado no resultado final de uma venda, esses profissionais ficam cansados de reconhecimento relacionado a comportamentos produtivos. Portanto, chamar a atenção para outras qualidades pode ecoar profundamente nos vendedores. Por exemplo, um vendedor compartilhou: "Quando um membro da equipe expressou o quanto valorizava minha opinião sobre como lidar com uma situação de vendas que estava enfrentando, fiquei constrangido!"

Não espere até uma venda ser concretizada para comunicar a valorização. Vagas em vendas tendem a demandar grandes quantidades de coragem pessoal e risco para demonstrar os comportamentos certos para prospectar, qualificar, ligar para executivos e lidar com questões de satisfação do cliente. Expressar valorização a um representante de vendas que demonstra qualidades positivas e comportamento voltado ao sucesso é crítico, mesmo quando os resultados imediatos de negócios ainda não são visíveis.

Há algumas etapas ou abordagens positivas a fazer que ajudarão a superar os desafios comuns?

Integrantes de outras equipes devem expressar valorização ao pessoal de vendas. Uma vendedora relatou que recebeu um bilhete de "bom trabalho" escrito a mão, com a seguinte declaração ao final: "Eu sempre posso contar com você". Ela disse: "Receber um bilhete assim o motiva e, ao mesmo tempo, estabelece uma expectativa sutil. Foi uma mensagem de baixa pressão/alto rendimento de agradecimento por fazer meu trabalho e ir além das expectativas."

ESCOLAS

Quais são as características do trabalho em uma escola que tornam a comunicação de valorização ao corpo docente e equipe um desafio?

Quando você tem apenas 30 minutos por mês para uma reunião de equipe (normalmente antes da aula), torna-se um desafio desenvolver relacionamentos, porque há pouquíssimo tempo para qualquer coisa "extra". Com o curto período que cada professor tem para planejar em momentos diferentes, uma pessoa teria que realmente ter um plano para fazer qualquer coisa específica por outra da equipe.

Para os administradores e diretores, o desafio é saber o que um professor realmente faz dentro de sala de aula. Um administrador pode, ocasionalmente, passar cinco ou dez minutos numa sala de aula, mas isso lhe dá apenas uma ideia do que se passa. Os professores raramente veem o que o outro faz durante uma aula, então há pouquíssima informação em que se basear para valorizar os colegas.

Professores de escolas públicas normalmente ficam na defensiva, porque sentem que nossa sociedade não os vê como profissionais, mas como "servidores públicos". Isso leva os profissionais educacionais à sensação de terem que provar a si mesmos e, portanto, podem ser relutantes em receber elogios. Essa postura também pode criar uma sensação de competitividade e se torna contraproducente ao trabalho em equipe e cooperação.

Outro aspecto prático das escolas que cria desafios constantes é o fato de que o pessoal está sempre indo de um prédio para outro. Por consequência, integrantes da equipe podem acabar se conhecendo, aprendendo como apoiar e encorajar uns aos outros quando um deles é transferido para outra escola. (Em especial, isso é difícil para os administradores que têm múltiplas equipes a conhecer.)

Quais são as presunções ou estereótipos típicos sobre o corpo docente e a equipe, e como são motivados?

Muitos administradores e diretores acreditam que um e-mail geral dizendo "bom trabalho" é o suficiente para encorajar um membro da equipe, aparentemente por ser o gesto mais fácil a fazer, muito embora isso não seja pessoal nem significativo.

Os que não são professores (em especial pais e administradores) assumem que os resultados de uma avaliação em classe leva um educador a pensar que é um bom professor. Na verdade, muitos professores sabem que os resultados de testes não os definem como professores, assim como as notas não definem os alunos.

A comida é, na verdade, uma boa motivadora, e assume muitas formas:

- O conselho fornecer lanches ou uma refeição durante reuniões de pais e professores.
- O diretor compra o jantar antes de uma reunião noturna.
- Um lanche aleatório com um bilhete deixado no escaninho ou na mesa.

Embora tais ações sejam normalmente bem-intencionadas, não suponha que comida grátis leva os professores a se sentirem valorizados — nem sempre é o caso. Embora uma sala cheia de comida normalmente se torna um lugar de encontro, muitos professores prefeririam estar em casa com suas famílias... e também comendo alimentos mais saudáveis.

Muitos professores sabem que os resultados de testes não os definem como professores, assim como as notas não definem os alunos.

Um dos pressupostos que professores e funcionários escolares mais rejeitam é: "Professores não precisam de motivação porque trabalham apenas das 8h às 16h e têm férias durante todo o verão." Por outro lado, durante o ano letivo, professores se sentem apoiados quando recebem períodos extras para planejamento ou dias de trabalho sem alunos, o que não apenas os permite a preparação de aulas, como também mais tempo para cooperar com os outros da equipe.

Quais são as reações negativas comuns à valorização — tanto do próprio corpo docente e equipe, quanto dos diretores e administradores?

Quando algo (como uma reunião sobre registros ou questões de segurança) é agendado, desequilibra tudo e, às vezes, nos faz sentir como se nosso trabalho não fosse tão importante. Essas reuniões são importantes, mas elas nos tiram tempo do que precisamos fazer para os alunos. Então, quando um programa de "valorizamos você" é obrigatório, tem a mesma resistência negativa. "Obrigado, mas, não obrigado!"

Quando você viu a valorização começar a fazer diferença?

A valorização faz diferença quando é pessoal, merecida e significativa.

Às vezes acho que a valorização tem mais a ver com o clima do ambiente do que com o ato em si. A forma como a liderança (diretores, conselheiros, administradores) se comunica regularmente faz com que o corpo docente e a equipe se sintam respeitados e profissionais. Um tom positivo e conduta alegre ao se comunicar com a equipe é um longo caminho para estabelecer a base de um ambiente de trabalho saudável.

Quais são alguns dos princípios básicos para a implementação da valorização entre o pessoal da escola?

Entender que os professores não desligam depois que o último sinal toca. Eles trabalham com crianças depois da aula e a maioria leva trabalho para casa todas as noites, assim como passa muitas horas nos fins de semana corrigindo provas e preparando aulas. É absolutamente crucial reconhecer que cada professor trabalha muito, porque é uma vocação, um amor pelo ofício de ensinar. Compreender isso faz toda a diferença quando se trata de comunicar valorização.

Há armadilhas ou erros a evitar?
"Equidade" parece ser um grande problema dentro das escolas. Professores e equipe são bem sensíveis (provavelmente até demais) a "quem recebe o que" e se um professor está recebendo mais atenção do diretor do que os outros, ou se alguém da equipe parece ganhar mais prêmios do que deveria em comemorações. Esteja ciente das fofocas e das queixas; tente abordar as questões o mais direta e rapidamente possível.

Há algumas etapas ou abordagens positivas a fazer que ajudarão a superar os desafios comuns?
Dê a equipe uma oportunidade de conhecer uns aos outros. Como todos estão tão ocupados e focados em suas próprias salas de aulas e alunos, não é incomum que professores raramente se vejam, em especial quando têm períodos de planejamento e horas de almoço diferentes.

CONCLUSÃO:
Trabalhando *com* a estrutura de sua organização

Configurações de trabalho diferem significativamente, criando tanto janelas de oportunidade quanto barreiras potenciais para a aplicação das cinco linguagens de valorização. Mas descobrimos que fazendo alguns "ajustes" e trabalhando *com* a estrutura da organização, a valorização autêntica pode se tornar uma parte vital de qualquer estrutura organizacional, e ajudar a estabelecer um ambiente de trabalho saudável e vibrante.

Obviamente há inúmeras outras indústrias e tipos de configurações de trabalho com seus próprios desafios. Não somos capazes de debater todos aqui. Porém, espero que as lições aprendidas a partir dos exemplos vistos forneçam um vislumbre sobre como abordar alguns dos desafios encontrados em configurações alternativas de trabalho.

PERGUNTAS PARA REFLEXÃO

Quando você pensa sobre a variedade de configurações de trabalho nas quais trabalhou, em quais foi mais difícil comunicar a valorização autêntica? Por quê?

Da lista expandida abaixo, identifique três ambientes de trabalho que você acha que oferecem mais desafios na comunicação de valorização aos funcionários. Explique o porquê pensa que eles seriam ambientes difíceis.

[ ] Varejo

[ ] Indústria

[ ] Tecnologia da Informação

[ ] Serviços de Utilidade Pública

[ ] Pequenos negócios familiares

[ ] Restaurantes e hotéis

[ ] Telecomunicações

[ ] Construção civil

[ ] Petróleo e gasolina

[ ] Agentes da lei

[ ] Grandes corporações

[ ] Outro _____

Em quais dos ambientes de trabalho listados acima você acha que a valorização autêntica é mais necessária? Por quê?

1.

2.

3.

Que desafios específicos você acha que deve haver em comunicar valorização em relações a profissionais de longas distâncias?

Dr. Paul White

Considere as configurações de trabalho debatidas no capítulo. Escolha uma da lista abaixo e compartilhe as ideias que tem que poderiam ajudar na comunicação da valorização nesse ambiente.

[ ] Escolas (Ensino fundamental e médio)

[ ] Centros de saúde/hospitais

[ ] Ambientes militares

[ ] Organizações sem fins lucrativos

[ ] Ministérios

[ ] Vendas e gerentes de vendas

[ ] Órgãos governamentais

7

PESSOAS SÃO DIFERENTES — MAS AS TRATAMOS DA MESMA FORMA

"Oi, Simon", John disse enquanto se servia da primeira xícara de café do dia. Simon o cumprimentou, encheu sua grande garrafa de água e foi para sua mesa de trabalho para começar o dia no atendimento ao cliente. John olhou para ele pensativamente. Gostava de Simon, que estava na empresa há cerca de um ano. Mas, precisava admitir, estava começando a perder a paciência com o jovem — um de seus subordinados diretos.

Qual era o problema? Simon era brilhante, agradável e capaz de lidar com clientes chatos. Ele se dava bem com os colegas de trabalho. Porém, John pensava, Simon era descuidado. Ele fazia um trabalho terrível ao preencher a papelada para documentar suas interações com os clientes. Costumava aparecer para trabalhar com 10 ou 15 minutos de atraso, mesmo depois de John ter falado com ele sobre o assunto em algumas ocasiões. Às vezes se atrasava na volta do almoço. John, com seus 40 anos e um veterano na empresa, acreditava que essas coisas importavam. E havia mais, como John comentou com sua esposa naquela noite. "Ele está sempre, ou enviando mensagens do celular, ou entrando em websites à procura de informações nas quais está interessado — que não têm relação com o trabalho. Já falei, e ele sempre concorda e diz 'Tudo bem', mas, na verdade, nada muda. O problema é: ele está de acordo com os padrões estabelecidos pela empresa, e recebe avaliações altas dos clientes, então não há nada que eu possa fazer. Mesmo se eu envio um e-mail ou mensagem de texto agradecendo por algo positivo que observei em seu trabalho, ele não responde. É como se as mensagens fossem parar em um buraco negro. Somente quando eu pergunto diretamente 'Recebeu meu e-mail sobre aquele cliente difícil?', ele responde. 'Sim. Recebi. Obrigado.'"

"Todos nós fizemos o inventário do qual você falou, sobre as linguagens de valorização, e aprendi com isso que a linguagem dele é Tempo de Qualidade, mas todas as ações que ele escolhe são sobre passar tempo com seus pares, sair depois do trabalho ou assistir esportes juntos. Mas não há nenhuma ação que me inclua. Não estou certo sobre o que devo fazer."

Se você não notou, o mundo é composto de coisas diferentes umas das outras. Não apenas objetos diferentes (rochas, água, nuvens, plantas), mas cada tipo de objeto também varia imensamente. Arenito, granito, gesso, mármore são todas variedades de rochas. Águias, beija-flores, andorinhas são todas espécies de pássaros.

Um dos mais fascinantes padrões na natureza é a variação dentro de organismos similares. Todas as árvores têm raízes, troncos, galhos e folhas; mas a variação das espécies (carvalho, palma, abeto) assim como entre as árvores individualmente é, virtualmente, surpreendente. Todos os cães têm quatro patas, abanam o rabo e amam comer, mas um poodle não é como um labrador. E, como qualquer dono de cachorro pode confirmar, encontraremos personalidades diferentes mesmo dentro das diversas raças. Porém, todas essas diferenças são necessárias a um ecossistema saudável e vibrante.

De modo semelhante, as pessoas diferem uma das outras de muitas formas — formatos, tamanhos, idade, habilidades, histórico familiar, personalidade, valores — a lista parece quase infindável. Irmãos podem ser muito diferentes uns dos outros, apesar de compartilhar o mesmo DNA! Como disse a famosa cientista Margaret Mead: "Lembre-se sempre de que você é absolutamente único. Assim como todos os outros."

Se fôssemos todos iguais, a vida seria extremamente chata. O fato de cada um de nós ter tantos aspectos únicos traz uma riqueza à vida e a torna interessante.

AS PESSOAS NÃO SÃO COMO VOCÊ!

Por outro lado, diferenças podem criar desafios. Na superfície, isso parece óbvio. Porém, se olhar com mais atenção a como age e se comunica com os outros, talvez fique evidente que você, na verdade, trata todo mundo da mesma forma — da forma mais confortável a *você*.

Podemos não entender de onde a outra pessoa está vindo: como pensa sobre uma situação ou como chegou à determinada conclusão. Ou temos dificuldade em comunicar nossas ideias aos outros de uma forma que nos façamos entender... porque eles pensam, sentem e veem a vida de um jeito diferente de nós.

Na verdade, uma das principais habilidades a ser desenvolvida em crianças, para que atuem na vida, é entender que nem todo mundo pensa da mesma forma (ou quer a mesma coisa) que elas. Apenas porque *elas* querem ir nadar, não significa que seus pais querem. Essa habilidade de compreender que você não é o centro do Universo (chamado "egocentrismo" em termos psicológicos) varia também em adultos. Quer dizer, alguns adultos ainda acham que são o centro, o que é refletido em suas conversas que focam principalmente... neles.

VENDO COM O OLHAR DOS OUTROS

Outra habilidade fundamental que começa a ser desenvolvida no início da infância e (espera-se) continue a se desenvolver ao longo da vida é a capacidade de ver uma situação pelo ponto de vista da outra pessoa. Chamada de "tomada de perspectiva", essa habilidade é crítica para desenvolver relacionamentos com outros, tanto em nível pessoal quanto profissional. Em um ambiente de trabalho, líderes e pessoal de vendas, se quiserem ser bem-sucedidos, precisam ser capazes de entender como os outros veem as situações.

A tomada de perspectiva requer, primeiro, a habilidade de "descentrar" — tirar-se do centro da situação e perceber que nem todo mundo vivencia ou pensa sobre um evento da mesma forma que você. Usando um exemplo extremo: imagine a ocorrência de um curto-circuito em uma tomada no escritório; ele cria faíscas, fumaça e algo pega fogo. A pessoa em cuja mesa o fogo inicia tem uma experiência diferente de alguém que está do outro lado da sala, o que varia mais uma vez de uma líder e sua equipe que saíram do prédio porque o alarme de incêndio disparou (mas eles não sabem o porquê).

Um indivíduo que não tem uma perspectiva muito bem desenvolvida pode focar no quão inconveniente foi para sua equipe ter uma reunião interrompida, e não pensar sobre como a situação foi assustadora para seu amigo que estava na sala onde aconteceu o incêndio.

Eis algumas outras situações profissionais comuns que demandam perspectiva:

- quando, numa reestruturação organizacional, você não é demitido, mas um de seus colegas é

- entender porque um cliente escolhe não comprar seu produto quando está óbvio que a compra é a melhor opção para ele
- ficar frustrado quando os membros de sua equipe ficam chateados com você por passar o informe da gerência sobre o congelamento das horas extras, apesar da decisão não ter sido sua

Ouvimos muito sobre "empatia" hoje em dia. Isso é um subtipo da tomada de perspectiva que está relacionado a como os outros *se sentem* em determinada situação. Mais uma vez, como seres humanos, nossos níveis de empatia são diferentes. Algumas pessoas são muito afinadas com as reações emocionais dos outros, enquanto alguns de nós quase não temos pistas sobre como nossas ações podem impactar os outros e como eles as sentem.

Um nível de empatia é a *empatia cognitiva*, na qual uma pessoa, pelo menos intelectualmente, tem ciência de como suas ações têm consequências e impactam os outros. Nesse nível, a pessoa está ciente e pode falar sobre os sentimentos dos outros (e que eles podem ser diferentes dos seus). Entender intelectualmente que o outro fica magoado e ansioso quando perde o emprego, é um exemplo.

Um segundo nível é chamado de *empatia emocional*. Essa é a habilidade e a experiência de "sentir com" outro alguém. Uma pessoa com empatia emocional é capaz de vivenciar junto o mesmo sentimento que seu colega está tendo. Sentir-se triste (em um nível pessoal, empírico) quando o amigo conta que acabou de perder a mãe, é um exemplo.

O terceiro tipo de empatia, *empatia compassiva*, é demonstrada por aqueles que não apenas "sentem com" outra pessoa, mas que, na verdade, são movidos a fazer algo por ela, na tentativa de ajudar. Essa empatia compassiva leva alguém a agir de forma a ajudar a reduzir a angústia do outro — escrevendo um bilhete ou se oferecendo para ajudar de alguma forma prática.[1]

Por que entender a tomada de perspectiva e a empatia é importante? Porque se temos problemas para *ver* uma situação a partir da perspectiva do outro, somos incapazes de entender a pessoa e suas reações. E, falando de forma prática, nossa falta de compreensão a respeito daqueles que nos cercam, cria desafios na comunicação, no trabalho colaborativo, na tomada conjunta de decisões e na venda de nossos produtos e serviços.

"COMO EU ME SENTIRIA SE..."

Quando trabalhamos juntos, entender nossas diferenças é um passo fundamental na capacidade de ver e considerar a história de vida e experiência do outro indivíduo. Se você sente que essa é uma área na qual precisa (ou quer) crescer, existem algumas ações práticas a tomar. Primeiro, lembre-se do ditado atribuído aos Nativos Americanos: "Para entender um homem, você precisa andar uma milha em seus sapatos". Enquanto que a maioria de nós pode, *intelectualmente*, tentar entender como uma situação é vista na perspectiva da outra pessoa, na verdade, somente aprendemos a lição quando experimentamos o que ela vivencia diariamente. Essa é a verdadeira sabedoria por trás da popular série de televisão *Chefe disfarçado*, onde o presidente ou diretor de uma empresa se disfarça e trabalha no lugar de um funcionário subordinado durante uma semana. Repetidamente, você percebe a visão do líder se iluminando — ganhando uma verdadeira compreensão dos desafios vivenciados por seus funcionários.

A conclusão é: se você quer realmente entender o que outra pessoa está passando, vá "viver com" ela. Se é um gerente, passe um dia acompanhando um dos membros de sua equipe que instala produtos nas casas das pessoas, ou com o vendedor que se esforça para atender as necessidades de seus clientes e, ao mesmo tempo, controlando o estoque.

Depois de experimentar a vida com eles, seja sincero e faça a si mesmo algumas perguntas:
- Como seria a vida se eu fizesse aquele trabalho diariamente?

- Como eu me sentiria se eu fosse aquele funcionário, realizando as tarefas que ele faz, ganhando o que ele ganha e recebendo as mensagens que ele recebe da gerência?
- Como eu me sentiria se soubesse que as circunstâncias de minha vida me levaram até ali, e é isso que estarei fazendo pelos próximos cinco anos, sem qualquer chance de melhora?

NEM TODO MUNDO SE SENTE VALORIZADO DA MESMA FORMA

Um dos principais conceitos de nossa aplicação das cinco linguagens aos relacionamentos profissionais é que *nem todo mundo se sente valorizado da mesma forma*. Se você quer atingir com eficácia o objetivo de comunicar valorização àqueles com quem trabalha, a chave é aprender as formas pelas quais eles preferem que a valorização seja demonstrada.

Inicialmente, o Inventário de Motivação através da Valorização focava na identificação das linguagens desejadas de valorização. Descobrimos então que as ações específicas desejadas *dentro* da linguagem de valorização também variam significativamente de um indivíduo para outro. Então, por exemplo, se a linguagem preferida de um funcionário é Tempo de Qualidade, ele pode valorizar mais uma conversa pessoal com seu chefe do que um almoço de equipe. Mas seu colega, que trabalha na mesa ao lado, pode amar almoçar com a turma! Ou nosso funcionário introvertido pode querer se exercitar fisicamente com um colega durante o almoço, mas não está interessado em sair com um subordinado direto. As interações são muitas, e o inventário as avalia para você. Também estamos desenvolvendo atualmente uma versão que dará aos funcionários a capacidade de identificar aquelas ações que eles realmente *não* gostam, assim os colegas e supervisores podem evitar gerar ofensas acidentalmente.

Enquanto o conceito de que nem todo mundo se sente valorizado de modo semelhante possa parecer óbvio aos que estão familiarizados com as cinco linguagens de valorização, a questão continua importante e parece precisar ser repetida porque *muitos, muitos líderes não entendem*. Na verdade, o vice-presidente de uma divisão de uma grande indústria internacional, afirmou: "Tenho uma linguagem — tempo — e se isso não atende às necessidades deles, acho que ficarão de fora. Ou eles entendem que essa é minha moeda, como transmito e recebo valorização, ou não receberão nada de mim."

> **Tenho uma linguagem — tempo — e se isso não atende às necessidades deles, acho que ficarão de fora.**

Podemos não compreender inteiramente porque aquela linguagem ou ação é importante para a outra pessoa, em especial quando a principal linguagem dela é a que menos valorizamos. Mas ainda precisamos aceitar o fato de que Atos de Serviço (ou qual seja a linguagem dela) é o que a faz sentir-se valorizada, mesmo que não nos diga nada.

GERACIONAL

Diferenças entre gerações em um ambiente de trabalho se tornaram um grande foco — em parte porque parece haver reais diferenças que geram desafios no entendimento de funcionários de diferentes gerações. Uma vez que, como indivíduos, somos moldados por nossas experiências de vida, grupos de pessoas que têm experiências de vida semelhantes tendem a pensar e reagir a situações de modo mais similar que outras, que não compartilharam tais experiências.

Pense na Geração Grandiosa e o impacto que a Segunda Grande Guerra teve sobre ela; *baby boomers* que foram criados num período de prosperidade econômica, mas também viveram mudanças sociais rápidas; a Geração-X, que, em grande parte, cresceu como filhos do divórcio e com a MTV; ou a Geração-Y que conhece a vida somente através de mídias sociais, smartphones e troféus por participação. O

fato de indivíduos desses períodos e experiências de vida serem diferentes uns dos outros de muitas formas, não deveria ser surpresa. Porém, parte da luta também parece estar relacionada à tendência humana de agrupar pessoas e tratá-las como se fossem todas iguais. (Infelizmente, isso foi e continua a ser um padrão ao longo da história e culturas — com um grupo de pessoas tirando conclusões e fazendo generalizações sobre a percepção de outro grupo baseando-se em etnia, raça, herança cultural, idade, localização geográfica...).
Não sou um grande especialista nas diferenças que criam conflitos entre gerações. Mas fiz algumas pesquisas sobre alguns problemas no ambiente de trabalho que estão relacionados ao desafio de comunicar a valorização entre as gerações.

O PROBLEMA DE "GENERACIONALIZAR"

Em nossa cultura, às vezes usamos o termo "generalização", que descreve o processo de reunir tendências e informações sobre um pequeno grupo de dados, e tirar conclusões sobre o grupo maior. Por exemplo, podemos tirar conclusões sobre a turma de graduandos de 2017, observando um número menor de estudantes que está se graduando na faculdade no mesmo ano e inferir as mesmas características a *todos* os graduandos. Essa prática é comum em pesquisas, e considerada aceitável no geral, desde que os dois princípios seguintes sejam considerados: a) o grupo de "amostra" (menor) seja uma representação acurada do grupo maior, e b) as conclusões tiradas sejam declarações gerais sobre o *grupo* com um todo, e não tenham a pretensão de ser precisas sobre cada indivíduo. Por quê? Porque a informação é sobre o grupo, e haverá diferenças entre os indivíduos dentro do grupo.

> "Estou cansada de todo mundo assumir que sou preguiçosa porque tenho somente 23 anos."

Podemos ampliar esse princípio e aplicá-lo a gerações, o que eu chamo de "generacionalizar." Grupos de pessoas (mesma idade, mesma região, mesmo gênero) podem compartilhar características semelhantes, porém obviamente há diferenças individuais entre os membros do grupo. As características também podem ser verdadeiras para outros grupos (por exemplo, nem todo funcionário de 50 anos é um bom trabalhador). *Enquanto que normalmente há tendências que podem ser vistas em grupos de indivíduos de uma geração, é perigoso tirar conclusões sobre indivíduos somente a partir das tendências do grupo.*

Por exemplo, debatendo esse tópico com um grande grupo multigeracional de trabalhadores, uma jovem declarou: "Estou cansada de todo mundo achar que sou preguiçosa porque só tenho 23 anos. Isso é ofensivo." E, nesse caso, era verdade — ela era identificada como uma boa funcionária jovem e uma estrela em ascensão.

GERAÇÕES E VALORIZAÇÃO

A primeira pergunta feita repetidamente é: *Há diferenças entre gerações com relação a como gostam de receber valorização?*

Até onde podemos afirmar, não há grandes diferenças entre gerações com relação a preferência por uma linguagem de valorização. Apenas começamos a reunir dados sobre o assunto, então ainda não temos uma resposta definitiva. Porém, todos os indicadores apontam para a conclusão de que sua geração não afeta significativamente a linguagem de valorização de sua preferência.

Isso posto, *estamos* descobrindo algumas diferenças entre gerações nas ações específicas elas preferem e valorizam mais:

Tempo livre. Como é bem sabido, muitos jovens trabalhadores desejam um horário flexível e ter tempo livre (em alguns ambientes profissionais, conhecido como "tempo compensatório") como prêmio por trabalhar duro para finalizar um projeto. Como, de muitas formas, o tempo se tornou o recurso mais valioso que temos (todo mundo sente como se não tivesse tempo suficiente), isso faz com que a sensação desse tempo livre seja altamente valorizada.

É importante esclarecer, entretanto, que em termos de Linguagens de Valorização, ter tempo livre do trabalho não é um tipo de Tempo de Qualidade. Antes, sair mais cedo numa sexta-feira é um tipo de Presente Tangível, uma vez que, na verdade, é um benefício (uma forma de tempo livre pago). A linguagem de Tempo de Qualidade se refere ao desejo que as pessoas têm de passar tempo com outros, e elas se sentem valorizadas quando isso acontece.

Bilhetes manuscritos — ou não. Para aqueles que pertencem a uma geração mais velha, fomos criados acreditando que uma das formas mais importantes de demonstrar valorização era escrever um bilhete de agradecimento. Os tempos mudaram. Para muitos jovens trabalhadores, o valor de bilhetes manuscritos diminuiu. Isso parece ser verdadeiro especialmente para homens de 20 e poucos anos — receber um bilhete de encorajamento manuscrito *não tem qualquer valor* para eles (porém é verdade para apenas cerca de 50% das mulheres de 20 e poucos anos).

Ao invés disso, o que *é* importante para colegas mais jovens é a velocidade com que recebem o *feedback*. Se for imediatamente, é ótimo. Hoje, é bom. Amanhã, é aceitável. Depois disso, você foi colocado no reino da história. Então, se quer ser eficaz na comunicação de que valoriza o trabalho deles numa tarefa, deixe que saibam assim que puder.

Trabalhar colaborativamente. Quando pensam sobre ações específicas dentro da linguagem de Tempo de Qualidade, membros mais jovens da equipe estão mais interessados em trabalhar em conjunto com os colegas em um projeto, do que estão as gerações mais velhas.

Baby boomers e os mais idosos da Geração-X não se incomodam em trabalhar em equipe para concluir tarefas, porém sua abordagem está mais para dividir e conquistar, onde se encontram para determinar o objetivo comum e então delegar tarefas a serem cumpridas individualmente. Os funcionários mais jovens geralmente gostam do processo de se reunir para trabalhar de modo cooperativo a fim de chegar ao produto final.

Reconhecimento das realizações da equipe versus realizações individuais. Relacionado à preferência de trabalhar em conjunto em projetos, está o desejo de receber reconhecimento e valorização como uma equipe, ao invés de serem escolhidos um ou dois membros para receber elogios individuais (em perspectiva, isso é semelhante a muitas culturas asiáticas). Na verdade, escolher uma pessoa como líder pode ser ofensivo — para a equipe, e para quem está recebendo a atenção.

Gerações e ética profissional

O segundo tema recorrente relacionado à valorização e diferenças geracionais é a questão: Jovens funcionários realmente têm menos ética profissional? (Sendo honesto, a pergunta normalmente é mais colocada assim: "Qual o problema desses jovens... não sabem como trabalhar?").

Uma reclamação comum de empregadores e supervisores sobre os funcionários jovens é que a Geração-Y não parece estar muito motivada, e que normalmente não demonstra boa ética profissional. Essa reclamação não é feita só por *baby boomers*, mas também é frequentemente verbalizada por gerentes e supervisores que estão em seus 30 e tantos, 40 anos (Geração-X).

Conforme trabalhei com empresas pelo país com uma variedade de grupos etários entre os funcionários, três perguntas-chaves se destacaram e precisam ser abordadas:

Quem define uma "boa ética profissional"? Supervisores e colegas precisam estar cientes de que sua visão do que é um funcionário "motivado" ou um "bom trabalhador" pode estar sendo influenciada por sua visão pessoal de mundo. Por exemplo, só porque um jovem funcionário fica acordado até de madrugada e então dorme até tarde, não quer dizer que seja preguiçoso. Pode significar que a escala de trabalho dele é diferente da sua.

Acredite ou não, empregadores ou supervisores *não* são a melhor fonte de entendimento do que compreende uma boa ética profissional.

Acredite ou não, empregadores ou supervisores *não* são a melhor fonte de entendimento do que compreende uma boa ética profissional.

Uma boa ética profissional é definida, primeiro, pelos clientes. Você e seus funcionários estão lá para fornecer bens ou serviços que seus clientes querem ou precisam. Portanto, o que o cliente quer, define o que você tenta lhe fornecer; como estar aberto quando ele precisa de sua assistência, fornecer serviço de qualidade, ou entregar bens dentro do prazo acordado.

Empregadores, então, desenvolvem expectativas de comportamento profissional apropriado aos seus funcionários com a finalidade de servir bem os seus clientes. A expectativa que você então tem de seus funcionários (espera-se), reflete aqueles comportamentos que permitem que sua empresa sirva bem aos clientes. Esses comportamentos (trabalhar regularmente, chegar na hora, ouvir e seguir instruções) não têm nada a ver com tendências geracionais. Eles são fundamentais para uma empresa servir bem seus clientes.

O que, realmente, é uma boa ética profissional? Gerações mais velhas (*boomers* e mais idosos) são notórias por se concentrar e passar sermões a indivíduos mais jovens sob o pretexto de se ter uma "boa ética profissional". Mas, o que isso realmente significa? Eis os comportamentos que reuni de empregadores e supervisores:

1. *Comparecer (regularmente)*
2. *Chegar no horário, pronto para trabalhar*

3. *Ouvir e seguir instruções*
4. *Disposição para aprender (postura de aprendizado)*
5. *Realizar um trabalho de qualidade (versus "empurrar com a barriga")*
6. *Demonstrar postura positiva, de "pode ser feito"*
7. *Finalizar tarefas em tempo hábil*
8. *Ser um "bom trabalhador".* Isso também precisa ser especificado porque muitos supõem que os outros sabem o que eles querem dizer quando usam a expressão. Um bom trabalhador é quem:
   a. Realiza a tarefa; não precisa de muita supervisão para realizá-la,
   b. Faz um esforço bom e consistente; não faz pausas excessivas,
   c. Continua a trabalhar arduamente mesmo quando está cansado ou sem supervisão
   d. Finaliza a tarefa solicitada e então busca outro trabalho a ser executado

Então, uma boa ética profissional é diferente para diferentes gerações? Quando olhamos essa lista de comportamentos, a conclusão parece ser "Não" e "Às vezes". Não, porque comportamentos que, juntos, compreendem uma "boa ética profissional" são consistentemente desejados por clientes, independentemente de sua geração. Às vezes, porque existe uma advertência: *Os comportamentos específicos podem divergir segundo a necessidade (e geração) do cliente.* Para um cliente da Geração-Y, receber uma resposta via mensagem de texto, e-mail ou através de uma sala de bate-papo virtual pode, na verdade, ser o meio preferido de comunicação. E, normalmente, ele quer uma resposta imediata (talvez enquanto estiver trabalhando entre 21h e 1h da manhã). Por outro lado, um cliente da Geração-X talvez possa querer agendar uma chamada ou videoconferência para o dia seguinte, por exemplo, enquanto que um *boomer* pode preferir uma reunião em pessoa.

O AMBIENTE de trabalho VIBRANTE

Qual é o problema? Por que funcionários mais jovens parecem não saber como trabalhar? Na maioria dos casos, não acho que seja uma questão de motivação (ou cuidado). E penso que é perigoso julgar o que os outros estão pensando ou sentindo.

Creio que o problema decorre da seguinte questão: *Como você aprende a trabalhar?*

Aprendemos a trabalhar, *trabalhando* (e recebendo instruções e *feedback*). Não é vendo TV ou indo ao cinema, e não conheço um vídeo game que ensine pessoas jovens a trabalhar. (Adoraria ser o criador de um, se isso for possível!) Muitos, nem todos, da Geração--Y têm muito menos experiências de trabalho do que seus pares de gerações anteriores.

De modo geral, eu acredito, a culpa não é deles. É nossa (seus pais). Por quê? Porque muitos dos que estão com 20 e poucos anos não trabalharam durante os verões ou nas férias enquanto estavam no Ensino Médio (ou têm um trabalho de meio expediente). E muitos jovens não trabalharam muito durante a faculdade — empregos de verão ou outros. Na verdade (a minoria para ser franco), o primeiro emprego "de verdade" (ou seja, não para os pais ou para os pais de um amigo) só aconteceu depois de terminado o Ensino Superior.

Resultado? O desenvolvimento de comportamentos profissionais é mais parecido com o dos adolescentes das gerações anteriores. Em princípio, muitos (não todos) os funcionários de 20 e poucos anos têm muito menos experiência em trabalhar em tempo integral do que os funcionários da mesma idade tinham há uma década ou duas atrás. Por consequência, muitas lições aprendidas por gerações anteriores durante a adolescência, estão sendo aprendidas atualmente um pouco depois das pessoas completarem 20 anos.

Que lições isso pode incluir?

- Você deve se apresentar para trabalhar todos os dias, na hora, e, se precisar faltar, deve ligar para informar seu supervisor.

- Você deve ouvir e seguir as instruções sobre como executar as tarefas, mesmo se achar que já sabe o que fazer, ou acreditar que há uma forma melhor de executá-las.
- De modo geral, sua presença será solicitada quando desejada.
- O objetivo do trabalho é completar as tarefas (bem), não apenas gastar o seu tempo.
- Se você finalizar uma tarefa antes, procure algo mais que precise ser feito, ou pergunte o que pode fazer para ajudar.

O QUE FAZER?

Resmungar "Estes jovens não sabem como trabalhar" não ajuda, então pare! Em vez disso, empregadores, gerentes e supervisores podem fazer o seguinte:

Primeiro, *ajuste suas expectativas.* Muitos trabalhadores jovens precisam de ajuda para aprender o que significa "trabalhar bem". Não espere que eles já tenham uma ética profissional bem desenvolvida.

Segundo, *reorganize seu treinamento para funcionários mais jovens.* Instrua-os intencionalmente sobre os comportamentos que deseja e *explique porque* são importantes para o sucesso da empresa.

Por último, *encoraje ativamente os alunos do Ensino Médio e Superior, que conhece, a começar a trabalhar mais cedo — e forneça oportunidades para isso.*

Você tem uma tremenda oportunidade de impactar positivamente as próximas gerações de trabalhadores — agarre-a!

E O GÊNERO?

Às vezes a grande questão ao explorar diferenças é que *não há*, na verdade, grandes diferenças entre grupos. Esse é o caso na compreensão de valorização e gênero.

O AMBIENTE de trabalho VIBRANTE

Quando analisamos os percentuais das linguagens de valorização no Inventário de Motivação através da Valorização, podemos ver como cada linguagem é escolhida como a linguagem primária ou secundária de uma pessoa, as duas combinadas, e a linguagem menos valorizada.

A informação no quadro abaixo mostra a taxa de predomínio de cada linguagem de valorização, tanto para todos os que responderam, quanto para cada gênero. Este é o resultado de mais de 81 mil indivíduos que responderam o Inventário de Motivação através da Valorização, com 66,3% de mulheres, e 33,7% de homens.

DISTRIBUIÇÃO DAS LINGUAGENS DE VALORIZAÇÃO DO INVENTÁRIO MAV			
	TODOS	MULHERES	HOMENS
Linguagem primária de valorização			
Palavras de afirmação	47,5%	48,4%	45,8%
Tempo de qualidade	24,4%	25,3%	22,7%
Atos de serviço	22,6%	20,9%	25,8%
Presentes	5,5%	5,4%	5,7%
Linguagem de valorização menos valorizada			
Palavras de afirmação	5,2%	5,1%	5,6%
Tempo de qualidade	7,2%	7,1%	7,2%
Atos de serviço	19,1%	20,7%	15,9%
Presentes	68,5%	67,1%	71,3%

O que pode ser constatado a partir da informação acima é que, virtualmente, não há diferenças entre homens e mulheres na frequência com que escolhem cada linguagem de valorização. Para ser sincero, esta é uma descoberta muito surpreendente. Eu esperaria *alguma diferença em algum lugar*.

Mas os dados são claros: *não há diferenças significativas na frequência em que homens e mulheres preferem linguagens diferentes de valorização*. O predomínio de quão frequente homens e mulheres escolhem Palavras de Afirmação, Tempo de Qualidade, Atos de Serviço e Presentes é, essencialmente, o mesmo.

VALORES, ANTECEDENTES E EXPERIÊNCIAS DE VIDA

Provavelmente as maiores diferenças entre funcionários no ambiente de trabalho se origina nos antecedentes, educação familiar, contexto cultural e experiências de vida pessoais de cada um. Mesmo indivíduos que parecem ser bem semelhantes em termos de antecedentes e experiências de vida, podem rapidamente descobrir que têm valores e visões de mundo bem diferentes.

Essas diferenças pessoais trazem riqueza à vida, juntamente com descobertas inesperadas que podem levar a tensões, mesmo sobre coisas como: se o escritório deve ter ou não uma comemoração de Natal, e como deve ser. Parte do processo de maturidade na vida é aprender (de forma experimental) que nem todo mundo pensa da mesma forma que você ou resolve problemas do mesmo jeito que funciona para você; e aceitar que a sua forma de realizar uma tarefa pode nem sempre ser a única (ou a melhor?)!

LIDERANDO AQUELES QUE SÃO DIFERENTES DE VOCÊ

Muitos líderes em desenvolvimento começam com o objetivo de montar um exército de trabalhadores e líderes juniores que sejam como o exército de clones dos filmes *Star Wars* — onde cada soldado tem a mesma aparência e age exatamente igual ao líder usado como matriz. Parece legal e infla seu ego, mas tentar fazer com que pessoas sejam como você, não é uma estratégia muito eficaz para desenvolver uma equipe de funcionários saudável que consegue atingir objetivos significativos.

Por quê? Porque ninguém tem todo o conhecimento nem todas as habilidades, educação e experiência necessários para cuidar individualmente de todos os aspectos do negócio e, mesmo que você tivesse, em algum momento atingiria os limites de seu tempo e energia na medida em que o negócio crescesse. Com um grupo de "minis-você", limitará o que seu negócio pode realizar. O que qualquer empresa de sucesso precisa, é de funcionários que tragam suas habilidades, forças e perspectivas singulares aos desafios que enfrentarão. Mas para ser capaz de reunir e manter indivíduos talentosos diferentes de você, é preciso aprender uma habilidade fundamental: aprender como liderar pessoas diferentes.

Há muitos bons livros sobre liderança que fornecem informações valiosas sobre habilidades e talentos necessários para liderar outros com eficácia. Porém um conceito que não é suficientemente enfatizado é: *para liderar uma equipe de sucesso, é preciso entender aqueles que não são como você, e ser capaz de apoiar, encorajar e motivá-los.*

Para verdadeiramente começar a praticar essa habilidade de liderança, alguns princípios fundamentais precisam ser compreendidos e aceitos:

1. *Você precisa de outros para alcançar os objetivos que está buscando* (se não, os objetivos provavelmente não são suficientemente grandes). Você realmente precisa da ajuda de outros para alcançar as MA (Metas Audaciosas) que tem para a empresa. Então, seria sábio começar a tratar os outros refletindo o quanto você precisa deles, ao invés de lembrar-lhes o quanto precisam de você.

2. *Outras pessoas pensam, acreditam, processam informação e são motivadas de forma diferente de você.* Alguns pensam no cenário como um todo; outros precisam de detalhes específicos. Alguns são analíticos, enquanto outros são de estilos criativos e sonhadores. Alguns precisam *ver* a informação; outros precisam *ouvi-la* (e há os que precisam dos dois). Alguns querem recompensas e elogios; outros querem apenas um "agradecimento" em particular.

3. *Fazer a coisa do seu jeito nem sempre é a melhor forma.* Você é brilhante, talentoso e realizador. Porém, acredite ou não, sua

forma de realizar não é a melhor para todos os outros (embora provavelmente seja o melhor para você). Além disso, seu jeito pode não ser o melhor para realizar algumas tarefas (por exemplo, muitas ideias de engenheiros para a comercialização de produtos não são eficazes).

4. *Para montar uma boa equipe, são necessárias pessoas diferentes de você.* Diferenças são boas (embora envolva desafios — como a comunicação clara). Você precisa de tipos detalhistas, analíticos e conservadores. Você precisa de vendedores cheios de energia, extrovertidos, do tipo "vamos conquistar o mundo". Você precisa de pessoas que comuniquem ideias aos outros de modo eficaz — tanto oralmente quanto por escrito. Você precisa de sonhadores e de implementadores "que realizem". Um negócio de sucesso utiliza as forças dos talentosos membros de sua equipe. (Na seção FAQ ao final do livro, leia sobre as relações entre os estilos de personalidade DISC e as linguagens de valorização.)

5. *Nem todo mundo se sente valorizado da mesma forma.* Muitos líderes tentam premiar e motivar seus funcionários de formas que são importantes para *eles*. Se você tentar usar a abordagem do tamanho único, os resultados serão desencorajadores. Primeiro, não atingirá o objetivo se fizer elogios verbais àqueles que acreditam que palavras são baratas. Segundo, perderá muito tempo, energia e dinheiro dando presentes, prêmios e bônus com aqueles para quem um pouco de tempo ou de camaradagem são mais valiosos do que aquele jantar com o qual os presenteou. E, por fim, provavelmente ficará irritado porque os integrantes de sua equipe não parecem "valorizar tudo o que eu faço por eles".

Em vez disso, faça o seguinte. Descubra como eles são motivados; o que é importante para cada um; o que os faz sentirem-se valorizados e apreciados. E então (às vezes quase como um ato de fé) faça o que

O AMBIENTE de trabalho VIBRANTE

dizem ser importante, mesmo que não faça qualquer sentido no seu ponto de vista. Você ficará agradavelmente surpreso com os resultados positivos que verá.

Lembre-se: todos nós somos diferentes. E a originalidade de cada um traz força ao nosso ambiente de trabalho, assim como uma floresta próspera precisa de todos os tipos de arbustos, solos e árvores para sobreviver à ampla gama de desafios ambientais que enfrentará ao longo do tempo. Celebre as diferenças que encontrar — elas são boas para você e para sua organização!

PERGUNTAS PARA REFLEXÃO

Em sua opinião, com que tipos de pessoas diferentes de você é mais desafiador se relacionar?

Ao pensar sobre a habilidade de ver situações a partir do ponto de vista dos outros (tomada de perspectiva), que observações você tem sobre o nível de tomada de perspectiva que os outros parecem ter em sua vida diária?

Como você se classificaria nas seguintes áreas?

	Baixo	Médio	Alto
Empatia cognitiva	[ ]	[ ]	[ ]
Empatia emocional	[ ]	[ ]	[ ]
Empatia compassiva	[ ]	[ ]	[ ]

Para você, quão difícil é entender realmente pessoas que se sentem valorizadas de formas diferentes da sua?

Das linguagens de valorização relacionadas abaixo, qual você tem mais dificuldade de aceitar que outros possam querer ser valorizados dessa forma?

[ ] Palavras de Afirmação

[ ] Tempo de Qualidade

[ ] Atos de Serviço

[ ] Presentes

[ ] Toque Físico Apropriado

Dr. Paul White

Que experiências pessoais você acha que impactaram significativamente sua forma de ver a vida que possam levá-lo a ter uma perspectiva diferente de outros que trabalham com você?

Que diferenças geracionais você observou com relação ao que parece fazer gerações diferentes sentirem-se valorizadas?

O que você pensa sobre a declaração recorrente de que funcionários mais jovens parecem ter uma ética profissional menos desenvolvida?

Surpreende você que homens e mulheres, na realidade, não sejam tão diferentes nas escolhas das linguagens de valorização da preferência deles? Por quê?

8

A VALORIZAÇÃO PODE ATRAVESSAR AS CULTURAS?

Abby, a funcionária do RH da empresa responsável pelo treinamento, estava conversando com alguns supervisores de departamentos. "Estou realmente satisfeita com o andamento do treinamento de Valorização no Trabalho com nossas equipes", disse. "Eles parecem gostar do processo; entendem os conceitos e estão dispostos a tentar."

"Eu também", Rob concordou, "mas estava pensando sobre algumas diferenças culturais que enfrentamos entre os funcionários mais antigos e alguns dos integrantes mais jovens da equipe, que são hispânicos. Cada grupo vem de histórias de vida bem diferentes, e as pessoas mais velhas não entendem espanhol (muito menos o falam).

"Só não tenho certeza como eles vão demonstrar valorização de maneiras significativas (ou aceitáveis!) a alguém de uma geração diferente *e* uma cultura com a qual não estão familiarizados."

"Sim, entendo o que quer dizer", Abby respondeu. "Outro dia, alguns dos funcionários da expedição estavam zoando James porque ele torce pelo Rangers (ele cresceu em Nova Iorque e é 'fanático'), e Javier e alguns dos outros não tinham ideia do que estavam falando porque não acompanham hóquei."

"E eles pegam pesado, o que pode parecer cruel para quem não está acostumado a esse tipo de provocação", Kiana acrescentou.

Rob disse: "Na verdade, a questão não está limitada a pessoas de países diferentes ou que falam outro idioma. Há diferenças bem reais entre pessoas como eu, que cresci no nordeste, e os que são do sul. Os supervisores que herdamos de Atlanta e Charleston durante a fusão com a outra firma, tem um estilo bem diferente de nós, 'os frios da Nova Inglaterra', de se relacionar."

Kiana interferiu: "Bem, isso nem começa a tocar na questão das diferenças entre todas as subculturas que temos aqui — os do interior, dos subúrbios, de todas as diferentes etnias e religiões. É bem complicado. Espero que a gente consiga encontrar um caminho."

Tive o privilégio de viajar a diversos países para introduzir o conceito de valorização autêntica no ambiente de trabalho. Por consequência, frequentemente me perguntam: "Valorização e reconhecimento não são uma questão apenas americana? Esses conceitos são, realmente, aplicáveis a diferentes culturas?"

Felizmente, a valorização autêntica e ambientes de trabalho vibrantes não estão limitados a determinadas culturas. Eles existem em cada continente. E culturas diferentes exibem aspectos peculiares do que seja "vibrante".

Curiosamente, o livro *As Cinco Linguagens do Amor* (Ed. Mundo Cristão, 2013), do Dr. Gary Chapman (a partir do qual as cinco linguagens de valorização foram desenvolvidas) foi incrivelmente abraçado por dúzias de culturas em cada canto do mundo. O livro foi traduzido para mais de 50 idiomas e acolhido entusiasticamente e utilizado na Ásia, África, Oriente Médio, Rússia, Europa, América Latina e culturas anglo-saxônicas. Então, parece que as cinco linguagens se "encaixam" conceitualmente na maioria das culturas.

Temos indivíduos nos seis continentes, que utilizam nossos recursos da Valorização no Trabalho, e *As 5 linguagens de valorização pessoal no ambiente de trabalho* foi publicado em pelo menos 18 idiomas. Como você verá na tabela da página seguinte, as traduções representam Ásia, Europa do norte, do sul e oriental, África e América Latina. (Visite a página internacional do website www.appreciationatwork.com para conhecer uma lista mais atualizada e seus links.)

TRADUÇÕES DE *As 5 linguagens de valorização pessoal no ambiente de trabalho*	
Africâner	Chinês (simplificado)
Tcheco	Inglês
Dinamarquês	Alemão
Francês	Indonésio
Húngaro	Coreano
Italiano	Português
Norueguês	Espanhol
Russo	Turco
Chinês (tradicional)	

A NECESSIDADE É SENTIDA ATRAVÉS DAS CULTURAS

Então, como demonstrado pelo seu uso em múltiplos idiomas, a estrutura das cinco linguagens de valorização parece ser aplicável através das culturas. Porém, mais importante ainda: a *necessidade* da valorização nos ambientes de trabalho é profundamente sentida por líderes que trabalham nesses países.

Regin Akkemik, uma educadora organizacional da Turquia, recebeu de uma grande empresa multinacional para quem presta serviços o pedido de encontrar um recurso que os ajudasse a estabelecer uma cultura de trabalho mais positiva utilizando o reconhecimento eficaz e as práticas de valorização. Quando ela descobriu nosso livro, ficou animada e declarou:

"Há uma enorme necessidade de reconhecimento e valorização autênticos em nossos ambientes de trabalho. Estou tão animada por encontrar seus recursos — o livro, o inventário online, e os materiais de treinamento. Consigo ver claramente que aprender a como falar fluentemente na linguagem de valorização do funcionário é extremamente importante nos ambientes profissionais de hoje."

Além disso, Sofie Halkjaer, CEO de uma empresa de consultoria de gestão de mudanças em Copenhagen, Dinamarca, ficou exultante quando descobriu os recursos da Valorização no Trabalho. Ela me convidou a ir a Copenhagen para falar numa grande conferência sobre gestão de mudanças, no qual relatou:

"A questão da valorização nos ambientes de trabalho é fundamental para ajudar a implementar mudanças em uma organização. Os dois conceitos se encaixam lindamente. Quando funcionários se sentem verdadeiramente valorizados, estão mais abertos à mudança, e as reações normais de resistência diminuem significativamente. As cinco linguagens são uma forma simples e eficaz, que se encaixa facilmente no ambiente de trabalho dinamarquês."

Pat McGrath, um executivo organizacional na América Latina, foi fundamental para que nossos materiais fossem traduzidos para o espanhol. Ele declara: "A necessidade é enorme no México, e nas Américas Central e do Sul. Empregadores e supervisores estão vendo que não podem mais apenas exigir que os funcionários façam o que eles querem, mas estão aprendendo que demonstrar valorização genuína é um caminho para manter integrantes talentosos na equipe."

Como consultora em Singapura, Jasmine Liew relata que a cultura de trabalho lá criou uma grande necessidade da valorização porque "o reconhecimento é apenas para a equipe de maior desempenho, e esse normalmente será o mesmo grupo de pessoas que é reconhecido.

Assim, esse reconhecimento baseado em desempenho negligencia a maioria dos funcionários que são integrantes diligentes e que têm bom desempenho."

Na última contagem, tínhamos Facilitadores Certificados de 26 países, usando nosso kit de implementação de Valorização no Trabalho em organizações e empresas em suas comunidades.

PAÍSES COM FACILITADORES CERTIFICADOS EM VALORIZAÇÃO NO TRABALHO	
África do Sul	Inglaterra
Alemanha	Kuwait
Austrália	Malásia
Bahamas	México
Brasil	Myanmar (Birmânia)
Canadá	Namíbia
China	Nigéria
Coreia	Noruega
Dinamarca	Nova Zelândia
Filipinas	Polônia
Finlândia	República Tcheca
Holanda	Singapura
Hungria	Turquia

UMA JANELA PARA O ENTENDIMENTO DE DIFERENÇAS CULTURAIS

As diferenças interculturais e a comunicação eficaz entre culturas têm sido uma enorme área de pesquisa das ciências sociais há décadas. Por conseguinte, há inúmeras formas de examinar as variações de comportamento e estilo de comunicação. Uma abordagem útil, entretanto, fornece uma maneira bastante direta e prática de pensar sobre diferenças culturais.

Em um fascinante livro, *The Culture Map* (O mapa cultural), Erin Meyer descreve um modelo que identifica uma série de características de culturas e onde elas variam:

- *Comunicação:* Baixo contexto (simples, clara) *versus* alto contexto (cheia de nuances e camadas).
- *Feedback negativo:* Direto *versus* indireto.
- *Persuasão:* Princípios (dedutiva) *versus* aplicação (indutiva).
- *Liderança:* Igualitária (entre pares) *versus* hierárquica (chefe/subordinado).
- *Tomada de decisão:* Consensual *versus* de cima para baixo.
- *Confiança:* Baseada em tarefas (cognitiva) *versus* baseada em relações (afetiva).
- *Desacordo:* Confronto versus evita confronto.
- *Tempo e agenda:* Linear versus flexível.

Mapear sua cultura (por exemplo, EUA) e a cultura de origem de seu parceiro de negócio a partir dessas características fornece critérios para a compreensão de áreas de possíveis mal-entendidos em suas interações.[1] (Se você está curioso sobre como são descritas as diversas culturas, procure na Internet os termos "The Culture Map" e [nome da nação].)

LIÇÕES DE UMA EXPERIÊNCIA DE TREINAMENTO EM UMA MULTINACIONAL

Alguns anos atrás, tive o privilégio de treinar os gerentes e supervisores de uma organização internacional importante sobre como comunicar valorização autêntica à sua equipe. Trabalhando na indústria do turismo e hotelaria, a equipe reunida veio de mais de 40 países e seis continentes.

Conforme seguia o treinamento, interessei-me por ver e ouvir se a equipe desejava ser valorizada no trabalho. Além disso, eu estava curioso para aprender as diversas maneiras com as quais os funcionários sentiam-se confortáveis em receber valorização e os desafios que pudessem existir devido às diferenças naquela variedade de culturas (por exemplo, britânica, norueguesa, filipina, colombiana, sul-africana, indiana, irlandesa, egípcia e americana).

Os funcionários de todas as culturas representadas afirmaram que, sim, gostariam de ser valorizados pelo trabalho que fazem, e que essa valorização fosse comunicada a eles por seus supervisores e colegas. Alguns poucos indivíduos relataram que valorização no ambiente de trabalho não era parte de sua cultura local (em especial no Norte da Europa — finlandesa, holandesa, alemã). O funcionário não esperava valorização vinda do supervisor, nem os gerentes acreditavam que deveriam comunicar valorização.

Tendo traduzido (linguística e culturalmente) nossos materiais em diferentes idiomas, eu estava seguro de que haveria diferenças no *tipo* de valorização desejada por indivíduos de diferentes origens culturais. A maior parte dos supervisores estava familiarizada com o conceito de dizer "Obrigado" ou "Bom trabalho". Mas a ideia de que havia outras formas de expressar valorização (passar tempo de qualidade, fazer um ato de serviço) era nova para a maioria dos gerentes internacionais.

Uma observação interessante foi: as pessoas tinham opiniões bem fortes sobre como *não gostariam* que a valorização pudesse ser comunicada pelos outros. Os britânicos tinham repulsa aos beijos repetitivos dos europeus do sul (portugueses, italianos). Muitas mulheres europeias não entendiam o propósito ou significado de "toca aqui". E os filipinos não compreendiam (e algumas vezes se ofendiam) o senso de humor britânico, irlandês e americano — o que normalmente era visto, por esses últimos, como uma forma carinhosa e amigável de comunicação.

Um dos aspectos encorajadores do treinamento foi o feedback que recebi desde os principais executivos até os supervisores de subalternos. Entre os conceitos mais importantes que valorizaram, estão:

- Nem todo mundo se sente valorizado da mesma forma.
- Há formas alternativas de comunicar valorização, além de palavras (e palavras não são valorizadas por todos).
- Comunicar valorização na forma que é estimada pelo *receptor* é fundamental, ao contrário do que prefere quem está comunicando.
- A autenticidade percebida é fundamental e pode ser um desafio em relacionamentos profissionais interculturais.

Roy Sauderson, um colega que fez treinamento sobre reconhecimento e valorização no Canadá, nos EUA, Europa e no Oriente Médio, fez um comentário interessante quando estávamos discutindo sobre valorização e diferenças culturais. Ele declarou:

"Onde quer que eu vá, independentemente de quão calorosa e expressiva, ou fria e distante seja a cultura — todos os funcionários com os quais interagi indicaram que desejavam cada vez mais reconhecimento autêntico em seus ambientes de trabalho."

Então, parece que a resposta à pergunta "O conceito de valorização não é apenas uma novidade americana?" é um enfático: "Não, não é!" A necessidade por valorização é expressa em diversos países e culturas.

E AS DIFERENÇAS REGIONAIS?

A maior parte de meu trabalho tem sido nos Estados Unidos, porém em cada canto e região (incluindo Havaí e Alasca), gostei de descobrir algumas das maneiras peculiares que indivíduos, em regiões geográficas e subculturas, preferem ser valorizados e encorajados. Semelhantemente a outras diferenças culturais, descobrimos que não existe uma Linguagem de Valorização preferida às outras, em diferentes regiões do país. Porém, as ações específicas dentro de cada linguagem podem variar um pouco — relacionado a tradições e interesses culturais locais — festivais e eventos culturais que as pessoas gostam de participar, equipes esportivas que acompanham (universitárias, profissionais, tipos de esportes), normas culturais de comunicar valorização pública ou particular, e por aí vai.

Duas das maiores diferenças entre as regiões ficaram evidenciadas em: a) estilos de relacionamentos e seus impactos na comunicação da valorização; e b) a linguagem de valorização do toque físico apropriado.

Estilos de relacionamentos

Colocando de modo generalizado, a população das regiões Norte e do Alto Centro-Oeste são mais formais e reservadas em suas interações com os outros, enquanto que as pessoas do Sul e do Oeste são mais informais e abertas sobre problemas pessoais e comunicação. Na Nova Inglaterra e na faixa Nordeste, elas tendem a ter um limite mais acentuado entre a vida profissional e a vida pessoal. São cordiais com seus colegas, mas normalmente não esperam desenvolver relacionamentos mais próximos com eles, em especial com relação ao tempo pessoal e familiar. (Essas são claramente generalizações, porém amplamente verdadeiras.)

Por outro lado, as pessoas do Sul (incluindo Sudeste, Sudoeste e extremo Sul) são mais comunicativas e abertas sobre o que pensam e sentem — pelo menos, na superfície. Uma dinâmica ocorre onde Sulistas normalmente têm um estilo de interação amigável, porém guardam suas opiniões pessoais mais profundas para si e as compartilham apenas com a família e amigos íntimos.

Preenchendo os espaços, os que são da região dos Grandes Lagos e do Centro-Oeste tendem a ficar "no meio do caminho" entre o Norte e o Sul — amigáveis, mas também não contando aos outros tudo o que pensam e sentem. Nossos amigos do Oeste e do Noroeste tendem a ter aquele espírito livre e aberto da Costa Oeste. Se você perguntar, eles dirão o que pensam.

A comunicação de valorização no ambiente de trabalho, então, segue essas normas. Funcionários nas regiões mais formais e reservadas tendem a ter menos experiência em ser valorizado e, para eles, isso pode ser um pouco estranho no início. Eles também podem sentir-se um pouco desconfortáveis com a interação com colegas (ou clientes, ou vendedores) do Sul, que os cumprimenta com entusiasmo e calorosamente (e, algumas vezes, tentam abraçá-los!). Obviamente, devido aos seus estilos, as diferenças culturais regionais criam alguns desafios de interação nas organizações que têm escritórios e equipes pelo país.

Toque físico apropriado

Desde o início de nosso trabalho, a linguagem do Toque Físico Apropriado tem sido a mais desafiadora, e o aspecto mais interessante de comunicar valorização no ambiente de trabalho. Por quê? Porque indivíduos tendem a ter as opiniões mais fortes (tanto negativas, quanto positivas) com relação ao toque físico apropriado no ambiente de trabalho. (Ao invés de abordar todas as questões relativas ao tema aqui, veja os vídeos e os artigos em nosso website www.appreciationatwork.com/learn, para saber mais sobre a discussão.)

Em paralelo às diferenças culturais em geral, os sulistas são conhecidos por sentirem-se bem confortáveis com abraços (algumas vezes, "abraços laterais"), mesmo no ambiente de trabalho. Pessoas do Centro-Oeste normalmente não se incomodam com apertos de mão, "toca aqui" ou uma batidinha das costas. Os do Oeste também desenvolveram sua própria variação de cumprimento com um tipo de meio abraço/batida nas costas (normalmente usada quando homens se cumprimentam). E no Nordeste, eles podem cumprimentar você com um "oi" e um aceno de cabeça, mas qualquer toque além de um aperto de mão formal não faz parte de seu repertório.

Obviamente, essas são generalizações amplas, e claramente há indivíduos de todas as regiões que têm uma postura de "não me toque — qualquer um, qualquer hora, qualquer lugar" (muitos, infelizmente, por bons motivos). Diferenças entre as subculturas também precisam ser notadas. Alguns grupos étnicos e culturas dentro dos EUA valorizam fortemente o toque físico apropriado como forma de valorização e comunicação calorosa nos relacionamentos — incluindo muitos hispânicos e latino-americanos, e indivíduos do sul da Europa (Itália, Grécia, Espanha, Portugal).

AS CINCO LINGUAGENS SÃO TRANSCULTURAIS, PORÉM AS AÇÕES SÃO ESPECÍFICAS DE CADA CULTURA

O que descobrimos ao aplicar as cinco linguagens de valorização em diversos países, culturas e até regiões dos Estados Unidos, é que, se por um lado as cinco linguagens são facilmente compreendidas e aplicadas através das culturas, *as ações apropriadas dentro de cada Linguagem de Valorização variam significativamente.*

Uma pessoa não precisa ser de fora dos Estados Unidos para observar a importância de realizar o ato específico de valorização correto, de modo a atingir o objetivo e realmente impactar o receptor. Um gerente me disse: "Tudo bem, então a linguagem de John é Tempo de Qualidade. O que isso significa na prática? O que eu *faço* com essa informação?" Nós, posteriormente (e muito rapidamente!), revisamos o inventário que permite que indivíduos identifiquem ações específicas preferidas dentro de sua linguagem primária. Por exemplo, uma tranquila assistente administrativa, Kaylie, disse-me: "Minha linguagem é Tempo de Qualidade, mas não quero tempo individual com meu supervisor. Sou muito tímida e introvertida, e meu supervisor é bem intenso. Mas amo ir almoçar com meus colegas de trabalho — esse é o tipo de tempo que é importante para mim."

Como resultado, criamos o processo dentro do inventário que, uma vez que a linguagem primária é identificada, temos uma lista de ações onde a pessoa pode escolher os itens específicos mais significativos para ela. Essas ações então são incluídas em seus relatórios individualizados.

É sempre um privilégio aprender com nossos amigos ao redor do globo. Pedi aos instrutores que compartilhem suas ideias e impressões sobre a relevância das Linguagens de Valorização para suas culturas, e também como a abordagem da valorização e ações específicas diferem em seus ambientes de trabalho. Postamos isso online em www.appreciationatwork.com/international. Atualmente há exemplos do Canadá, Alemanha, China, Coreia, Singapura, Dinamarca, América Latina e Turquia.

UMA PROFUNDA NECESSIDADE HUMANA

A evidência é clara e retumbante — as cinco linguagens de valorização são aplicáveis em múltiplas culturas. O foco na valorização *não* é só uma novidade americana, mas reflete uma necessidade humana profunda vivenciada mundo afora.

O desafio é saber como comunicar valorização apropriadamente dentro das várias culturas. Sentimo-nos orgulhosos de poder dizer que nossos instrutores ao redor do mundo estão ajudando a "traduzir" as cinco linguagens de valorização em ações culturalmente relevantes. Assim como a grande variedade de belas flores e plantas encontradas pelo mundo, somos capazes de ajudar a criar ambientes de trabalho positivos na Ásia, Europa, América Latina, África, no Oriente Médio e na América do Norte — todos têm suas próprias características distintas, mas são saudáveis e vibrantes em seu jeito próprio e peculiar!

O AMBIENTE de trabalho VIBRANTE

PERGUNTAS PARA REFLEXÃO

O fato de a valorização no ambiente de trabalho se encaixar numa variedade de culturas o surpreende? Por quê?

Ao ler abaixo as descrições de Meyer sobre as características culturais, em qual item, a cultura de seu país (ou a que lhe é mais familiar) se encaixa?

COMUNICAÇÃO	
Baixo contexto (simples, clara)	Alto contexto (cheia de nuances e camadas)

FEEDBACK NEGATIVO	
Direto	Indireto

LIDERANÇA	
Igualitária (entre pares)	Hierárquica (chefe/subordinado)

TOMADA DE DECISÃO	
Consensual	De cima para baixo

CONFIANÇA	
Baseada em tarefas (cognitiva)	Baseada em relações (afetiva)

DESACORDO	
Confronto	Evita confronto

TEMPO E AGENDA	
Linear	Flexível

Compartilhe com seu grupo algumas de suas avaliações que o impressionaram.

Que observações você tem sobre diferenças potenciais acerca de como a valorização é expressa (ou não) em regiões diferentes do país?

Dr. Paul White

Qual é sua preferência pessoal sobre receber uma demonstração de valorização por meio do toque físico apropriado?

Qual dos exemplos transculturais expostos nesse capítulo, você achou mais interessante?

PARTE 4

CARACTERÍSTICAS DO FUNCIONÁRIO QUE PODE CRIAR PROBLEMAS

As questões abordadas na parte 4 incluem: A principal fonte dos obstáculos vem dos próprios funcionários. Na verdade é que é mais difícil amar alguns colegas do que outros. Algumas pessoas têm características que criam desafios para que seus supervisores e colegas de trabalho os valorizem genuinamente. Outras, devido ao seu baixo desempenho ou *como* alcançam seus altos níveis, dificultam a comunicação da valorização autêntica. Na parte 4 são abordadas as seguintes questões:

- *Capítulo 9:* Colegas que, por uma série de razões, simplesmente são difíceis de serem autenticamente valorizados.
- *Capítulo 10:* Os desafios que os problemas de desempenho (tanto os de desempenho baixo, como outros) criam à comunicação da valorização.

Esses capítulos são seguidos por respostas a diversas Perguntas Mais Frequentes (FAQs) e também por uma variedade de recursos disponíveis para uso em diferentes configurações de trabalho.

9

COLEGAS DIFÍCEIS DE VALORIZAR

Maria estava sentada em um grupo de discussão que fazia o *follow-up* do treinamento sobre Valorização no Trabalho que sua divisão recebera. A conversa estava animada e interessante, mas Maria não conseguia parar de pensar numa pessoa que não estava na sala: Jonathan. Como isso funcionaria com ele? Em seus anos na empresa, ela tivera dificuldade em se relacionar com o colega. Não era a primeira vez que pensava: *Realmente não gosto dele. O que faço?*

Depois de encerrado o debate, Maria abordou Katie, a pessoa do RH que estava conduzindo o processo, e perguntou se poderiam agendar uma conversa para breve. Dois dias mais tarde, Katie e Maria foram para uma sala reservada onde puderam conversar. Maria iniciou: "Eu realmente gostei do material sobre as cinco linguagens de valorização e o achei bem fácil de aplicar, exceto… tenho uma situação desafiadora e não sei como lidar com ela."

Não muito surpresa, Katie respondeu: "Qual é? Há muitos pequenas irregularidades na estrada que precisamos resolver."

"Bem, sendo direta", disse Maria, "há uma pessoa em nossa equipe, que eu simplesmente não entendo. Ele não é necessariamente uma pessoa ruim. Mas a gente não "dá liga" — somos *totalmente* diferentes sobre como vemos a vida e como realizamos as tarefas. Ele é muito calado e trabalha sozinho o tempo todo. Eu gosto de falar e interagir — trocar ideias com pessoas e trabalhar junto com os outros para encontrar a melhor solução. Mas quando falo com ele, ou faço uma pergunta, ele simplesmente me olha e diz 'não sei' e volta ao trabalho.

Acho que eu poderia conviver com isso, porém tem mais. Ele simplesmente não é tão bom no que faz: é lento para finalizar as coisas, normalmente há erros a serem corrigidos e, pior de tudo, ele *nunca* assume a responsabilidade pelo problema. Tem sempre uma desculpa, ou coloca a culpa em outra pessoa. Algo assim: 'A impressora não imprimiu direito' ou 'O laboratório de design mandou as especificações com atraso, então fiz o melhor que podia com o tempo que tinha.' E então sai irritadinho. Ele não oferece ajuda, nem corrige as coisas, e apenas espera que todos os outros lidem com isso.

Para ser honesta, neste momento, eu *não* valorizo ele mesmo, e, na verdade, eu meio que me ressinto dele e da forma como nos sobrecarrega, já que não faz seu trabalho direito."

Ela olhou para Katie. "Então, como eu devo 'valorizá-lo' se nem sequer gosto dele?"

É difícil desenvolver um ambiente de trabalho vibrante e próspero quando você não gosta de verdade (ou valoriza) as pessoas com quem trabalha. Certamente a empresa pode estar funcionando bem, mas isso pode não importar no nível individual se você tem que trabalhar com pessoas que realmente o irritam.

Quando funcionários e supervisores estão tentando honestamente entender e implementar o conceito da valorização autêntica, podem, em algum momento, acabar perguntando: "O que eu faço quando não valorizo de verdade um de meus colegas?"

Janice, uma supervisora em um pequeno escritório, veio falar comigo durante o intervalo de uma sessão de treinamento. Eu podia sentir sua dor quando declarou:

"Dr. White, eu entendi. Vejo a necessidade de comunicar valorização genuína à minha equipe — e isso é necessário em toda a nossa empresa. Mas o que eu devo fazer com uma pessoa que é negativa e se queixa o tempo todo? É difícil se relacionar positivamente com pessoas assim, muito menos, valorizá-las!"

As pessoas que fazem essa colocação, normalmente aceitam a importância de comunicar valorização e, muitas vezes, começaram a trabalhar em um plano com seus colegas. Porém, em algum momento, experimentam a realidade de que há alguns colegas de trabalho pelos quais não têm muitos sentimentos positivos. E não têm certeza sobre o que fazer — "forçar a barra" e tentar comunicar alguma coisa positiva, mesmo que não *sintam* nada positivo de verdade com relação à pessoa? Elaborar a sua melhor expressão de encorajamento e fingir? Não fazer nada?

Vamos olhar sinceramente para os colegas difíceis de valorizar, e desenvolver um plano para lidar com eles de forma honesta e prática.

PRIMEIRO PASSO: Não tente fingir

Um amigo e eu estávamos debatendo a valorização no trabalho, e como o conceito poderia ser aplicado em seu ambiente. Ele era um líder bem-sucedido em uma grande organização sem fins lucrativos, e me disse:

"Paul, não estou seguro sobre o que fazer. Neste momento, minha equipe e eu não estamos nos dando muito bem. Há certa tensão no escritório — em parte devido a características de personalidade, em parte devido a diferenças de opinião sobre como devemos fazer as coisas, e em parte, pelo fato de que na verdade, não estão fazendo o que eu peço. Pergunto-me: *Devo simplesmente seguir em frente e implementar isso?"*

Respondi rapidamente: "Steve, de jeito nenhum! Não acho que essa seria uma boa direção a seguir. Acho que está bem óbvio para eles que você não está satisfeito, e tentar comunicar valorização acabaria com qualquer confiança que ainda possa existir. E você acabaria numa situação ainda pior. Acho que você precisa primeiro abordar as questões relativas à sua falta de valorização."

Como você deve ter observado nessa descrição, uma série de questões contribuíram para que ele não estivesse valorizando sua equipe: conflitos de personalidade, falta de visão compartilhada e, (como eu lhe disse) falta da participação dele junto aos membros da equipe responsáveis por completar as tarefas dadas, o que, em grande parte, foi devido à sua vontade de evitar conflitos. (Mais tarde discutimos essa questão, e como ele pode melhorar sua capacidade de abordar diretamente situações difíceis.)

A maioria das pessoas acredita que tem uma boa percepção de quando os outros não estão sendo genuínos em seus cumprimentos e elogios. Elas acham que têm um radar bem sensível quando creem que alguém está sendo movido apenas pelo embalo em vez de estar sendo sincero. Com frequência, pessoas fazem relatos como estes:

"Ele não pensa assim. Apenas está agindo como se me valorizasse."

"Não acredito na Jennifer quando ela tenta me demonstrar valorização por algo que fiz. Ela está armando para conseguir alguma coisa que deseja."

ALERTA: *Não tente julgar os motivos da outra pessoa.* Com frequência *nós* mesmos não temos certeza do motivo de fazermos determinadas coisas ou escolhas. Nossos próprios motivos podem ser confusos. Determinar com precisão porque outra pessoa diz ou faz algo é virtualmente impossível.

E, tentar julgar o motivo de agir de outra pessoa, normalmente traz dois resultados negativos: a outra pessoa nos vê como condescendentes, e nos vulneráveis a ser julgados pelos outros. (Lembra do ditado: "Quem tem telhado de vidro, não atire a primeira pedra"?) Quando as pessoas se sentem julgadas, normalmente reagem defensivamente com "Sim, mas *você*…". O resultado? Conflito. Mágoas. Confusão no relacionamento.

A melhor atitude, quando se questiona os motivos de outra pessoa, é dar-lhe o benefício da dúvida. Se, de fato, um colega tem uma segunda intenção em seu ato, normalmente a verdade virá à tona com o tempo.

(Para uma explanação mais aprofundada sobre a falta de sinceridade, vá para o capítulo 3: "Por que os programas de reconhecimento não funcionam?")

POR QUE É DIFÍCIL VALORIZAR ALGUNS COLEGAS:
o que dizem os funcionários

Sejamos honestos, é mais difícil trabalhar com algumas pessoas do que com outras. Há colegas irritantes, aqueles que não acompanham as tarefas, e pessoas que simplesmente não entendemos. Há também certos tipos de pessoas que são mais difíceis de ser valorizadas por uns do que por outros. Por exemplo, tenho dificuldade de encorajar colegas realmente tímidos e introvertidos, porém, isso não é um problema para meu gerente de atendimento ao cliente.

Para entender melhor o que faz com que seja mais desafiador valorizar alguns colegas, fizemos uma pesquisa, perguntando: "O que dificulta valorizar um colega?" A partir de centenas de respostas, selecionamos alguns temas.

Seguem as dez características mais indicadas pelos que responderam à pesquisa, com exemplos de reações. As dificuldades de valorizar colegas são:

1. Negativo crônico (16,4% dos exemplos dados)
- "É difícil valorizar pessoas que estão sempre reclamando! Pode ser duro encontrar algo bom nelas e expressar valorização, em especial quando sei que irão reagir negativamente, ou ignorar completamente."
- "Os colegas que acho mais difíceis de valorizar são os agressivos ou resistentes. Há aqueles que aproveitam cada oportunidade para reclamar sobre o ambiente de trabalho ou que começam (ou interrompem) conversas sobre novas mudanças ou ideias com atitudes desdenhosas e frases como 'Não vou fazer isso.'"
- É desafiador quando regularmente um colega tem uma disposição desagradável ou se recusa a fazer qualquer coisa fora do âmbito de sua função. Sua tendência ao desagrado geral e a falta de disposição para intensificar os trabalhos, quando necessário, dificulta que os outros o valorizem.

2. Arrogante e egoísta (13,6%)
- Esses colegas demandam ser o centro das atenções, a única pessoa no ambiente, aqueles que têm as melhores ideias, a única voz nas discussões, e que assumem os créditos. Tais indivíduos normalmente são encantadores, espirituosos e inteligentes, porém acabam se tornando desrespeitosos, cansativos e irritantes.
- Tenho um problema com colegas de trabalho que pensam que sabem tudo e que são melhores do que os outros. Eles podem assumir um projeto, se tornar intrometidos ou exclusivos, e não estarem dispostos a colaborar ou compartilhar.

3. Inflexível e não colaborativo (10%)
- Acho difícil valorizar colegas quando não estão dispostos a trabalhar de forma colaborativa. Eles acham que seu jeito é o único e não são flexíveis. Quando as pessoas não

se comprometem, a bola para de rolar e é frustrante para todo mundo.

- Há aquelas pessoas que não abraçam a postura de trabalho em equipe ou não demonstram cortesia — um colega de trabalho que escolhe não responder a um e-mail ou mensagem de voz, ou inventa uma desculpa quando é chamado para ajudar com alguma coisa.

4. Pouca ética profissional ou desempenho ruim (8,8%)
- Meus menos favoritos são aqueles que não carregam seus fardos e tentam se livrar das responsabilidades.
- Alguns colegas não desempenham os deveres que se espera de sua função, e então, sempre que possível, levam o crédito pelo trabalho que outros fizeram.
- Acho difícil ver algo bom em colegas de trabalho que reclamam sobre estarem ocupados, mas perdem tempo constantemente com bobagens.

5. Não confiável, falta de consistência (7,8%)
- É difícil colaborar e valorizar colegas que não cumprem suas promessas e compromissos.
- Tenho uma colega de trabalho que não presta atenção aos detalhes. Ela nunca admite quando comete um erro e sempre dá desculpas para o trabalho de má qualidade. Para mim, é difícil demonstrar valorização quando uma tarefa é finalizada, pois, com frequência, os colegas de equipe dela estão consertando seus erros.
- Tenho dificuldade em valorizar um colega de trabalho inconsistente. Se, por um lado, ele pode fazer bem de vez em quando, seu trabalho não é consistentemente benfeito, ou em nível aceitável.

6. Desdenhoso com a valorização oferecida (empate — 6,6%)

- Quando um colega dá um desconto para a valorização ou desvia o elogio, é difícil! Quando compartilho palavras de afirmação ao pegar alguém fazendo algo certo, o colega mais desafiador diz que "sem problemas", "não foi nada", ou "outra pessoa merece o elogio".
- Tenho um funcionário que é basicamente o Ió (ou Bisonho), o burrinho da turma do Ursinho Puff. Ele mal fala alguma coisa e, quando diz, normalmente é algo negativo sobre seu trabalho ou situação. Qualquer comentário de valorização feito a ele, é posto de lado.
- Pode ser difícil valorizar colegas que são desdenhosos com expressões de gratidão ou admiração, em especial se o desdém parece vir com uma sensação de arrogância.

7. Falta de conexão social ou diferença de personalidade (empate — 6,6%)

- Quando o estilo de trabalho de uma pessoa é o oposto ao meu, é difícil dar um passo atrás e valorizar as diferenças que ela traz à administração em benefício do bem maior.
- Acho que naturalmente somos atraídos por pessoas com as quais temos afinidades; pessoas com quem podemos nos relacionar. Quando essa afinidade não existe, é difícil valorizar o outro em um nível pessoal.

8. Atitudes desrespeitosas e condescendentes em relação aos outros (5,4%)

- Acho difícil valorizar colegas que são condescendentes, falsos ou hipócritas. Ninguém quer trabalhar com alguém que o faça se sentir insignificante, sem importância, sem educação ou irrelevante.
- Em minha experiência, evito qualquer interação ou iniciativa para trabalhar em um projeto de equipe com pessoas

condescendentes. É quase como se o objetivo delas fosse acentuar suas habilidades corroendo a autoestima dos outros.

9. Não ser recíproco em ajudar ou demonstrar valorização (5%)
- Não gosto de demonstrar valorização a uma pessoa que não me valoriza. Gosto de me envolver com indivíduos que contribuem para o bem comum, que se comportam como parte da equipe, e que tratam todos com respeito e apreço.
- Deparei-me com alguns colegas que não são genuínos quando tentam me encorajar. É óbvio que eles prefeririam não interagir.

10. Ser extremamente reservado (4%)
- Se um membro da equipe tende a ser reservado demais, e não fala abertamente sobre si mesmo com os outros, é muito mais difícil ter certeza de que você o está valorizando adequadamente. É estranho perguntar à pessoa como ela gostaria de ser valorizada, mas sinto que se eu não perguntar, corro o risco de agir de forma que não seja eficaz, ou até mesmo prejudicial. Ou então, eu poderia fazer nada, o que é realmente triste.
- Na maioria das vezes, eu tenho problemas em não saber o que meus colegas realmente apreciam. Alguns não confiam em mim quando tento demonstrar valorização. É difícil saber quem gosta de valorização "pública" e quem precisa que seja em "particular", e com que frequência demonstrar isso.

O PROBLEMA DO COLEGA DE TRABALHO QUE SE OFENDE FACILMENTE

Além dessas dez características identificadas em nossa pesquisa, também descobri que é um desafio trabalhar com colegas que parecem se ofender com facilidade, e sua sensibilidade parece estar relacionada à sua linguagem de valorização.

No processo de treinar milhares de funcionários nos conceitos de valorização autêntica, descobrimos que *a linguagem primária de valorização de uma pessoa, com frequência é a linguagem pela qual é mais facilmente ofendida!*

Então, se você tem um colega ou supervisor que parece se chatear facilmente ou por pequenos motivos, talvez queira descobrir qual é a linguagem primária de valorização dele. Isso pode lhe dar algumas dicas sobre dinâmicas básicas de relacionamento. Vamos dar uma olhada em cada linguagem e ver o que pode estar acontecendo:

- *Palavras de Afirmação.* Pessoas que valorizam palavras de elogio também são facilmente impactadas *negativamente* por comentários verbais. Essencialmente, palavras são seu principal canal de comunicação, e as mensagens são recebidas mais intensamente do que por aqueles que não consideram palavras tão importantes. A implicação? Até instruções corretivas adequadas podem soar de forma prejudicial a esses indivíduos — e, claramente, comentários sarcásticos casuais os magoam. O que você deve fazer? Seja mais gentil com essas pessoas no *feedback* corretivo; não precisa muito mais do que um "uau" para chamar sua atenção. Certifique-se de estar lhe concedendo muitos elogios específicos também.
- *Tempo de Qualidade.* Lembre-se: "tempo" nem sempre quer dizer que o funcionário quer tempo com seu supervisor. Alguns querem. Outros não; eles preferem sair para almoçar ou sair com os colegas depois do trabalho. Aqueles que se sentem valorizados quando os outros passam tempo com eles, podem ser ofendidos de três formas:
    a) Um supervisor marca uma reunião com o funcionário e, repetidamente, remarca, cancela ou esquece totalmente da reunião. Isso comunica claramente que outras coisas são mais importantes para o gerente do que o indivíduo em questão.

b) Um colega de trabalho, ou um grupo, deixa a pessoa de fora (intencionalmente, ou sem querer — o resultado é o mesmo) quando sai para almoçar ou convida um grupo para um evento social. Colegas tímidos podem sentir-se tão ofendidos pela rejeição percebida quanto colegas mais extrovertidos. Até mesmo os introvertidos gostam de ser convidados e participar de reuniões sociais com pequenos grupos de amigos.
c) Alguém não lhe dá total atenção quando estão numa reunião individual. Olhar mensagens de texto, e-mails, atender ao telefone, deixar que terceiros interrompam — tudo isso diz à pessoa: "Você não é tão importante".

- *Atos de Serviço.* Indivíduos que valorizam atos de serviço vivem pelo mantra "ações falam mais que palavras". *Demonstrar* que elas são importantes fazendo algo que as ajude (em especial, se estão com o prazo apertado) é muito mais importante do que qualquer outra coisa que você possa dizer. Então, como esses funcionários se sentem ofendidos? Uma forma é apenas agradecer-lhes, mas nunca fazer qualquer coisa *para pelo menos oferecer* ajuda. O outro ato ofensivo é indicar como poderiam realizar a tarefa de um jeito diferente (ou "melhor"), *em especial* se você estiver simplesmente ali, observando-os realizar a tarefa!
- *Presentes.* Pessoas que são encorajadas quando recebem algo palpável, são impactadas principalmente por: a) você pensou nelas; b) você gastou tempo e esforço para trazer algo para elas; e c) você (espera-se) descobriu do que elas gostam. Curiosamente, pessoas que valorizam presentes não ficam necessariamente tristes se não recebem algo (embora possam ficar se não receberem nada durante um longo período de tempo). O que as ofende é quando todos ganham o mesmo item: o que é significativo para elas, é a natureza pessoal do presente. Isso parece ser o motivo pelo qual tantos funcionários realmente não ficam tão animados com a abordagem de

reconhecimento de "escolha seu presente no catálogo" — é impessoal (e não custa nada a quem o oferece!).
- *Toque Físico Apropriado.* Como você deve lembrar, toque físico é raramente a linguagem primária de valorização de um funcionário na maioria da cultura norte-americana. Mas isso não é necessariamente verdade com relação a todos os funcionários, e, claramente não é o caso em outras culturas (latino-americanas, algumas europeias). Nos Estados Unidos e no Canadá, é provavelmente mais fácil ofender alguém tocando um colega (que não quer ser tocado de forma alguma, tocado por *você*, ou tocado daquela maneira ou lugar). Mas, para aqueles para quem o toque é importante, você pode criar uma reação negativa agindo de forma fria e defensiva, os tratando como se fossem "esquisitos", e, especialmente, se atribuir intenções negativas aos gestos de cordialidade deles. Essa é, obviamente, uma questão sensível, então "na dúvida, não faça".

Espero que isso lhe dê algumas pistas para entender por que alguns de seus colegas de trabalho podem estar reagindo friamente a você — e lhe mostre alguns passos na tentativa de melhorar seu relacionamento com eles!

DESAFIO EXCLUSIVO: Realizadores tóxicos

Quando estávamos pesquisando sobre o que faz um ambiente de trabalho ser tóxico, e como os funcionários nesses ambientes podem sobreviver, meus colegas e eu chegamos a um fenômeno interessante — indivíduos altamente talentosos em seu campo profissional, e que normalmente são os que mais realizam dentro da organização, porém que, ao mesmo tempo, são nocivos ao seu ambiente de trabalho e prejudiciais aos que trabalham com eles. Identificamos esses indivíduos como *realizadores tóxicos*.[1]

Os realizadores tóxicos colocam um dilema sério aos donos de negócios, gerentes e supervisores. Por um lado, realizam o trabalho — rapidamente e, com maior taxa de sucesso do que seus pares. Sua produção profissional, ou números de vendas, parecem ótimos.

Porém, por outro lado, criam as maiores dores de cabeça devido à forma como se relacionam com os outros, sua postura negativa e sua propensão a querer frequentemente exceções às políticas e procedimentos da empresa.

Como você sabe se um membro da equipe é um realizador tóxico ou apenas alguém que produz bem e que pode ser irritante no trabalho? Deixe-me descrever algumas características comuns.

Realizadores tóxicos...

- *São mais brilhantes, mais rápidos e mais produtivos do que todos os outros de sua área, dentro da organização.* Do ponto de vista da produção, eles são os "poderosos". Eles sabem disso. Você sabe disso. A gerência sabe disso. E eles usam essa posição em benefício próprio.
- *Relacionam-se com os outros de forma condescendente e brusca, exaltando sua produtividade como motivo para serem tratados de forma especial.* Realizadores tóxicos são bons no que fazem, e não têm vergonha de lembrar aos outros seu histórico de desempenho. Compartilham livremente seus conselhos com colegas (mesmo que isso não seja pedido), e se referem às considerações dos outros como "idiotas" (e dizem isso publicamente).
- *Podem ser raivosos, vingativos e destrutivos com suas palavras.* Esses indivíduos podem engolir e cuspir você em um movimento, seja em particular (se você tiver sorte) ou na frente de seus pares e supervisor. Eles falam o que vem à mente sem rodeios, e seus comentários podem ser incrivelmente mordazes e depreciativos.

- *Não têm escrúpulos em usar outras pessoas para ajudá-los a atingir seus objetivos.* Em sua mente, como são tão bem-sucedidos, faz sentido que outros na empresa sirvam a eles para que se tornem ainda mais bem-sucedidos ("pelo bem da organização", é claro)!
- *Acreditam que estão acima das regras.* Regras, políticas e procedimentos são para trabalhadores "normais", não para grandes realizadores como eles. Procedimentos padrão e burocracia só atrapalham, e não os permitem realizar mais, por isso deveriam poder contornar os procedimentos ou ter alguém que cuidasse de tudo para eles. (Isso inclui burocracia, relatórios de despesas, como é calculado o período de férias, ou passar pelos canais competentes para pedir recursos.)
- *Criam rodízio frequente na equipe que os cerca.* Seja seu assistente administrativo, apoio clerical para a equipe, seus colegas, seu supervisor, ou outros nos departamentos que precisam trabalhar com eles, é desenvolvida uma porta giratória de equipe ao redor do realizador tóxico. *Ninguém* quer trabalhar com ou para eles por muito tempo.
- *Incitam conflitos entre seu supervisor e gerência sobre como é melhor lidar com eles.* Por fim, discussões acaloradas ocorrem entre o supervisor do realizador tóxico e chefes de outros departamentos, ou gerentes de alto nível. Normalmente os gerentes querem mantê-los porque seus números de produção são muito altos (e *não* precisam trabalhar com ele diariamente.)

O que você pode fazer com realizadores tóxicos?

O que você faz com um funcionário que tem o melhor desempenho em seu campo de atuação, mas que é tóxico a todos que estão ao seu redor? Mantém-no em sua equipe? Tenta trabalhar entorno dele?

Por fim, a pergunta chega: *Podemos ter sucesso com essa pessoa como parte de nossa organização e/ou, realisticamente, podemos sobreviver sem ela?* Alguns gerentes os veem como insubstituíveis por causa de seu conhecimento, talento e produção. Outros veem o dano colateral que o realizador tóxico cria, aumentando a tensão interna e o conflito dentro da empresa, "extrapolando os limites" ao não seguir as regras e políticas, e o custo de precisar continuamente contratar nova equipe para estar com ele.

Em última análise, você precisa se livrar do realizador tóxico se quiser ter uma organização saudável. Até que ele saia, o caos e o conflito continuarão (ele os criará) e ele não mudará sem uma experiência de vida dramática (então, não espere por isso).

Realizadores tóxicos são como uma grande nogueira-negra, que produz quilos e quilos de nozes, mas que nada pode crescer perto dela devido a toxidade de suas folhas e de suas raízes. *Eles* produzem, mas nada mais sobrevive.

Uma das razões principais da necessidade da saída dos realizadores tóxicos é porque o ambiente de trabalho não será curado e se tornará saudável até que eles tenham ido embora (como tirar um espinho de seu dedo). Nenhum outro tipo de ação funciona. Eles são quem são, e trazem consigo a associação de resultados positivo e negativo.

Em última análise, você precisa se livrar do realizador tóxico se quiser ter uma organização saudável.

Raramente a sobrevivência da empresa depende deles (a menos que detenham o conhecimento da principal atividade ou relacionamentos fundamentais necessários à existência da companhia). É sábio não deixar que alcancem esse tipo de poder.

É importante notar que expelir um realizador tóxico do sistema demanda documentar seu impacto negativo em áreas não "produtivas", tais como sua indisposição em seguir regras e procedimentos, ou sua inabilidade para trabalhar colaborativamente com outros. De outro modo, você está se colocando na posição de ser processado judicialmente assim que ele for dispensado.

Uma vez que o realizador tóxico tenha saído, você e os que trabalhavam com ele começarão a perceber como se sentiam envenenados e quão melhor é a vida no trabalho sem ele. Na verdade, pode-se argumentar que se livrar de um realizador tóxico comunica valorização aos outros funcionários — que você os valoriza o suficiente a ponto de tomar uma decisão difícil para que eles tenham um ambiente de trabalho saudável.

A VALORIZAÇÃO VEM DE APRECIAR

Aprender sobre os diferentes tipos de colegas difíceis de valorizar é bom, mas ainda temos um problema: *O que eu faço quando não valorizo alguém?*

Como declaramos anteriormente, *não tente fingir*. Esse tipo de ação normalmente não acaba bem, e a inautenticidade percebida irá minar qualquer confiança que possa existir no relacionamento.

Atrelado a isso, *não tente forçar a barra e se obrigar a valorizar um colega*. O que aprendemos ao longo do tempo é que valorizar alguém é tanto uma questão emocional, quanto um comportamento. E, como qualquer sentimento que possa experimentar, você não pode se obrigar a valorizar alguém. Entretanto, assim como outras reações emocionais, há formas de viabilizar que, em algum momento, valorizemos sinceramente a pessoa.

A chave é valorizar aquela pessoa de alguma forma. A fonte da valorização é quando apreciamos algo em outra pessoa: quem ela é, o que é capaz de fazer, o que sabe, seu caráter. Quando você não gosta ou não consegue valorizar alguém, olhe e procure o que pode apreciar na pessoa.

Você pode apreciar o fato de que ela sabe buscar informação na Internet. Ou que tem experiência e conhecimento sobre sua indústria e competidores. Pode ser qualquer coisa que a torne um funcionário melhor do que se não tivesse tal conhecimento, talento ou experiência.

Porém, especialmente com funcionários difíceis de valorizar, *a característica pode não estar relacionada ao trabalho*. Você pode descobrir que é útil o fato de Sarah ser realmente boa em encontrar negócios por meio da Craigslist (um serviço de classificados online dos EUA), ou em usar os descontos do Groupon. Ao conhecer melhor um de seus colegas de trabalho, pode ficar surpreso com o vasto conhecimento que ele tem sobre grupos de rock britânico dos anos 1990, ou sobre o cultivo de vegetais orgânicos, ou qualquer que seja o assunto.

De modo semelhante, você pode ficar impressionado com o compromisso que sua assistente administrativa tem com os filhos e como ela é uma mãe maravilhosa. Ou que seu funcionário do TI treina para triátlons. Você pode gostar e valorizar o comportamento alegre de um dos membros de sua equipe, e como a risada deles coloca um sorriso em seu rosto.

A questão é: quando tiver dificuldades em achar algo para valorizar em outro membro da equipe, procure por alguma coisa positiva na vida dele, seja ou não relacionada ao trabalho, e destaque essa característica ou comportamento.

CONSIDERAÇÕES FINAIS SOBRE COMO LIDAR COM COLEGAS DIFÍCEIS

Permita-me compartilhar algumas considerações finais sobre o que fazer com alguém difícil de trabalhar:

Faça um pouco de autorreflexão. Pense sobre motivos potenciais do porquê você tem dificuldade em valorizar esse colega. O que você não gosta nele? O que ele faz que o irrita? O que você não entende? Os problemas são TÃO grandes que você não consegue pensar em nada que ele faça que possa ser valorizado? Não deixe que algumas características negativas o ceguem com relação aos pontos fortes dele.

Conheça-o um pouco melhor. É difícil valorizar alguém que, na realidade, você não conhece muito. Com frequência, descobrir algo sobre a história pessoal dele permite que você o entenda mais. E conhecer um pouco mais sobre seus passatempos e vida fora do trabalho pode levar a alguns pontos de conexão.

E lembre-se: alguns colegas podem achar difícil valorizar *você*!

Finalmente, você pode experimentar um benefício inesperado tentando descobrir formas de comunicar valorização a colegas difíceis — você pode (não é garantido) na verdade começar a realmente valorizá-los! Nossa pesquisa (e a experiência pessoal de muita gente) tem demonstrado que sentimentos sobre uma pessoa ou situação podem, na verdade, mudar *como resultado de* se comportar e pensar de modo diferente.

Jamais esqueça que *você* — suas ações, reações e atitudes — tem uma grande influência no nível de vitalidade e saúde de seu ambiente de trabalho!

PERGUNTAS PARA REFLEXÃO

Alguma vez você foi tentado a *agir como se* valorizasse alguém, quando estava lutando para valorizar *genuinamente* a pessoa?

Que experiências você teve em trabalhar com pessoas difíceis?

Das características abaixo observadas em um colega de trabalho, qual você tem mais dificuldade em lidar positivamente?

[ ] Negatividade crônica

[ ] Arrogância e egoísmo

[ ] Inflexível e não colaborativo

[ ] Pouca ética profissional e desempenho ruim

[ ] Não confiável, falta de consistência

[ ] Desdenhoso com a valorização oferecida

[ ] Falta de conexão social ou diferença de personalidade

[ ] Atitude desrespeitosa e condescendente em relação aos outros

[ ] Não ser recíproco em ajudar ou demonstrar valorização

[ ] Ser extremamente reservado

O AMBIENTE de trabalho VIBRANTE

Quando alguém tenta demonstrar valorização e você não acredita que a pessoa está sendo sincera, como se sente?

O que acha sobre a ideia de que a valorização flui a partir de apreciar outra pessoa? Como isso pode ser aplicado ao seu relacionamento com outros no ambiente de trabalho?

O conceito de que a preferência da linguagem de valorização de uma pessoa seja a forma como ela se ofende mais facilmente faz sentido para você? Já vivenciou isso? Se estiver disposto, compartilhe um exemplo.

Já teve experiência com alguém que, acreditava, ser um realizador tóxico? O que era "tóxico" no comportamento desse colega de trabalho? Que lições você aprendeu com essa experiência?

Atualmente, você tem dificuldade de valorizar alguém em seu ambiente de trabalho? O que você acha difícil valorizar na pessoa?

Dos passos citados ao final do capítulo, quais você acha que o ajudariam a começar a valorizar esse colega?

[ ] Fazer uma autorreflexão sobre o que é difícil valorizar nele e pensar em características positivas que ele tenha.

[ ] Considerar características não diretamente relacionadas ao trabalho.

[ ] Conhecê-lo melhor.

10

QUESTÕES DE DESEMPENHO: Baixos resultados, altos resultados e tudo o que fica entre os dois

—Rick, você tem que me ajudar!, reclamou Steve enquanto entrava na sala de Rick.

—O quê?, Rick levantou os olhos da planilha de orçamento na qual estava trabalhando, um pouco irritado com a interrupção.

—Ah, cara. Como eu devo usar essa coisa de valorização com a minha equipe, quando tenho que trabalhar com alguns desafios reais? Você sabe que venho acompanhando Damien há semanas, e como ele não cumpre suas tarefas. Tenho documentado os erros que ele comete, como ele chega constantemente atrasado, e o fato dele sequer ter chegado perto de sua meta de desempenho. Então, como esperar que eu lhe diga que o valorizo? Você deve estar brincando comigo!

—Calma. Rick fez sinal para Steve se sentar. —Eu sei que ele tem sido um desafio, e lamento que esteja na sua equipe.

—Ah, tá. Muito obrigado.

—E sei que é estranho pensar sobre tentar valorizar alguém que está criando um monte de dores de cabeça para você, que precisa ficar acompanhando e corrigindo suas besteiras, falou Rick. —Mas se acalme e vamos falar com Jen no RH, e vamos ver as sugestões dela.

—Bem... Damien não é o único problema. Rick ficou intrigado. Steve continuou: —Você conhece Rachel, certo?

—Claro, ela tem o melhor desempenho em sua equipe, e até mesmo do departamento como um todo. Como isso é um problema?

Steve suspirou. —Sim, ela fecha mais vendas do que qualquer um e traz dinheiro para a empresa. Mas é *doloroso* trabalhar com ela, uma dor *verdadeira*. Na verdade, ninguém quer trabalhar com ela. Os gerentes de contas reclamam que ela fica dando ordens e os obriga a cuidar da burocracia que *ela* deveria cuidar. Mas ela diz que não tem tempo e que a papelada não a deixa fazer mais ligações de vendas.

—Agora, ele continuou... —ela está me dizendo que trabalhou durante tantas noites e fins de semana indo a conferências, que merece uma semana extra de férias.

—Simplesmente diga a ela que essa não é a política da empresa. Rick respondeu com naturalidade.

—Fácil falar. Ela não está me pedindo folga. Em essência, ela está ameaçando que, se não conseguir, vai sair e trabalhar para um de nossos concorrentes, e levar junto seus clientes. Não posso correr esse risco. Ou *meu* emprego ficaria na mira do disparo. Steve explicou.

—Ah... e nesse meio tempo, eu deveria dizer que a valorizo?, Steve olhou firme para Rick. —Vai esperando.

O AMBIENTE de trabalho VIBRANTE

Um ambiente de trabalho vibrante tem diversas características importantes, mas uma é facilmente perceptível: o trabalho é feito. Algumas vezes os líderes (em especial gerentes e executivos) supõem que, como eu falo muito sobre valorizar o outro no ambiente de trabalho, que só me preocupo com relacionamentos (ser um psicólogo talvez não ajude!). E com isso, concluem erroneamente que não estou focado no "lado empresarial" do trabalho, e só quero que todos sejam felizes.

> **Um ambiente de trabalho vibrante tem diversas características importantes, mas uma é facilmente perceptível: o trabalho é feito.**

Nada poderia estar mais longe da verdade. Na realidade, tenho fortes divergências com quem foca apenas no campo do "ser positivo" sem um correspondente entendimento de que trabalho é... bem, trabalho. Empresas e organizações existem para servir seus fregueses e clientes, e precisam de recursos financeiros para continuar a fazer isso. E fico desolado quando ouço sobre Diretores de Felicidade nos escritórios — o que prevejo que desaparecerá antes do pôr do sol. Ninguém é responsável pela felicidade de outra pessoa, e manter o foco na tentativa de deixar os outros felizes, será um fracasso.

Então, vamos esclarecer de uma vez por todas. Trabalho é trabalho — realizar tarefas e servir seus clientes. O objetivo *principal* do trabalho não é relacionamentos, exceto quando os relacionamentos ajudam a alcançar as metas da organização (ou a menos que sua tarefa no trabalho seja desenvolver relacionamentos). Entretanto, a realidade é que relacionamentos saudáveis *são* uma chave para empresas de sucesso — relacionamentos com clientes, fornecedores e dentro da companhia. Para que um ambiente de trabalho seja saudável, vibrante e próspero, é necessário que seja dada atenção tanto às tarefas, quanto aos relacionamentos no trabalho — pois pessoas trabalham juntas para atingirem os alvos da empresa.

A INTERRELAÇÃO ENTRE DESEMPENHO, RECONHECIMENTO E VALORIZAÇÃO

O desafio de lidar com questões de desempenho de um funcionário não pode ser resolvido sem o entendimento sobre como estão entrelaçados o reconhecimento, o desempenho e a valorização desse funcionário. Como o motor de um carro em que sistemas funcionam com combustível e outros que são acionados eletronicamente, mas que estão interrelacionados. Tanto o motor à gasolina quanto o sistema elétrico devem funcionar bem independentemente, porém eles também precisam coordenar seus esforços conjuntamente para que o carro funcione plena e apropriadamente.

Desempenho é importante, mas...

Primeiro, consideremos a importância dos desafios associados ao foco no nível de desempenho dos integrantes de sua equipe. Uma definição de trabalho é "fornecer bens e serviços que outros querem e pelos quais estão dispostos a pagar". Você precisa realizar tarefas dentro do prazo desejado pelo cliente, com um nível de qualidade aceitável, pelo preço que ele está disposto a pagar, e ao mesmo tempo, administrar a empresa de modo que ela se sustente financeiramente.

Porém, um desafio básico do trabalho em conjunto é que nem todo mundo tem o mesmo nível de desempenho com relação à qualidade e quantidade de trabalho. Dentro de uma equipe, provavelmente você tem pelo menos um funcionário com alto desempenho, alguns acima da média, um grupo sólido que fica na média, e então alguns funcionários que não têm o nível de desempenho esperado.

Alto e acima da média

É ótimo ter "estrelas automotivadas" na equipe, e que superam suas metas. Como supervisor, você as instrui, fornece-lhes os recursos necessários, coloca-as na direção certa e as deixa seguir. Porém, na verdade, há alguns desafios na comunicação da valorização aos seus funcionários acima da média.

Primeiro, como supervisor, é fácil negligenciá-los (em especial os de alto desempenho). Eles estão seguindo bem, então você os deixa como estão. Não demora, eles podem tomar isso como certo e que você *espera* que tenham um alto desempenho o tempo todo. Líderes sábios continuam a apoiar, encorajar e demonstrar aos funcionários com alto desempenho como os valorizam.

Separar reconhecimento e premiações por desempenho da valorização deles como pessoas é o segundo desafio. Isso é difícil dos dois lados — para quem transmite *e* para quem recebe. Isso exige do supervisor esforço para pensar e chamar a atenção para as características positivas não relacionadas ao desempenho. E muitos funcionários que têm alto desempenho têm dificuldade em separar sua autoestima do bom desempenho, então a mensagem precisa ser clara: "Não é porque atinge suas metas, eu valorizo *você como pessoa.*"

Porém, mais importante ainda é o próximo grupo de funcionários: aqueles que são fundamentais para o sucesso da empresa, mas frequentemente são negligenciados. Eles são os que têm...

Desempenho médio

Os supervisores *deveriam* se preocupar com esse grande grupo de funcionários "medianos". Eles não são estrelas com alto desempenho. Porém não são os que têm pior desempenho. Eles são os seus João e Maria dentro da média, sólidos e que ajudam a realizar o trabalho.

Os funcionários medianos são aqueles 50/60% que normalmente realizam o trabalho, mas que não serão reconhecidos como os melhores. Eu os comparo com os jogadores de meio de campo numa equipe de futebol. Não são os atacantes ou centroavantes, que fazem a maioria dos gols, mas são fundamentais para o desempenho consistente do time. Outra analogia seria que o grupo mediano de funcionários é como a farinha e os ovos numa receita de bolo. Se você só tivesse as especiarias e a cobertura, não teria um bolo!

Esses são os funcionários que precisam de valorização por seu trabalho terreno e sem holofotes do "dia a dia". Se você perder seus funcionários medianos lutará para se desempenhar bem como equipe. Com frequência, quando encorajados e tratados com respeito, muitos dos trabalhadores medianos sobem de nível e se tornam peças fundamentais para o sucesso da empresa.

Por outro lado, se negligenciados e ignorados, ou afundarão em níveis mais baixos de desempenho como resultado de desmotivação e de não se sentirem valorizados, ou sairão e irão para outro lugar onde esperam ser valorizados por suas contribuições.

Você não quer que isso aconteça. Então eu sugiro o seguinte:

Apoie e encoraje esses funcionários confiáveis, que não têm um ótimo desempenho. Todo mundo precisa de encorajamento. Mantenha-se fiel aos seus padrões e não os deixe escorregar, mas lembre-se de que pode estar acontecendo algo na vida de algumas pessoas, que está interferindo em seu desempenho. Seja firme, porém gentil.

Concentre-se em moldar o comportamento deles na direção certa. Não tente fazer que passem de um jogador médio a uma estrela em ascensão. É como ensinar futebol a crianças — você não pode elogiá-las somente quando marcam um gol (que jamais pode vir acontecer!), mas as elogia quando dão um bom passe para outro membro do time. No trabalho, se eles fizerem sua tarefa corretamente, faça menção a isso e então especifique uma coisa que poderiam ter feito ligeiramente melhor.

Abaixo do esperado/baixo desempenho

A "falácia do espantalho" é uma proposição estabelecida por alguém como um falso argumento para, pelo menos temporariamente, erguer um obstáculo e desviar a atenção dos problemas e preocupações reais. Discutir sobre como demonstrar valorização a quem tem baixo desempenho é o argumento do espantalho aqui.

Muitos gerentes que parecem ser fundamentalmente contra a valorização no ambiente de trabalho, frequentemente levantam a objeção: "Certo, então eu devo valorizar um funcionário que não faz seu trabalho? (Normalmente, não querer demonstrar valorização a *ninguém* parece ser o motivo real dessa objeção.)

Apesar disso, líderes precisam entender que a questão tange duas áreas sensíveis: uma relacionada ao desempenho, e outra ao valor intrínseco da pessoa. Isso cria um difícil ponto de tensão. Primeiro: quem tem baixo desempenho precisa ser gerenciado de modo a assumir a responsabilidade pelos padrões que deve atingir. Em algum momento, ou seu desempenho melhorará, ou ele não permanecerá por muito tempo (voluntariamente ou não). Por outro lado, o funcionário ainda tem um valor como indivíduo, e os colegas de trabalho podem valorizá-lo por características não relacionadas ao trabalho, como descrito abaixo.

PESSOAS NÃO SÃO APENAS UNIDADES DE TRABALHO

Se por um lado é fundamental que alguém desempenhe seu trabalho como esperado, eu acredito firmemente que as pessoas têm mérito e valor não importa o nível de seu desempenho. Cada pessoa é um indivíduo único criado por Deus, e todos somos intrinsecamente valiosos — independentemente do que fazemos ou realizamos.

Muitos funcionários em todos os níveis, incluindo gerentes e supervisores, compartilharam comigo seu ressentimento sobre receber atenção ou ouvir comentários positivos somente quando cumprem ou superam as metas estabelecidas para eles. Sentem-se como se fossem vistos apenas como unidades de trabalho numa planilha.

Isso acontece em especial com aqueles que estão em um ambiente de trabalho com grande ênfase em desempenho/recompensa. Eles relatam se sentir como se seus supervisores não os conhecessem ou se importassem com eles como pessoas. Na verdade, ao trabalhar com uma empresa e seus funcionários do *call center*, o desafio de diferenciar reconhecimento por desempenho e valorização como indivíduos se tornou uma questão significativa que precisamos debater e trabalhar. Um supervisor compartilhou suas dificuldades:

"Na verdade, é difícil nos dois extremos — tanto com os de alto desempenho, quanto com os de baixo — não focar somente no desempenho deles. E temos um sistema de recompensas por atingir metas tão forte que, mesmo quanto tento chamar a atenção para uma ação ou característica que não está diretamente relacionada a cumprir suas metas, acho que os membros de minha equipe ainda têm dificuldade para ouvir (e talvez, acreditar) que isso não tem relação com o desempenho."

Não é uma questão das pessoas quererem ser elogiadas o tempo todo por fazerem o que se espera delas, mas é bom ouvir um "obrigado" ou um reconhecimento por estar fazendo seu trabalho. Caso contrário, a maioria dos *feedbacks* que os funcionários recebem de seus supervisores vem quando um erro é cometido, um prazo não é cumprido, ou o desempenho não é o desejado. (Deixamos de ter valor quando cometemos um erro?)

Somos mais do que "produtores". Somos pessoas. Temos características de personalidade, assim como outros talentos e habilidades que trazem valor à vida, mas que podem não ser diretamente produtivas. Precisamos não esquecer que funcionários (primeiro) são pessoas que têm corpos físicos, reações emocionais, objetivos e desejos, assim como famílias e vida fora do trabalho.

ENTENDENDO O QUE É RECONHECIMENTO E O QUE ELE REALIZA

Como a melhora do desempenho está relacionada ao reconhecimento? Negócios operam com base em objetivos (explícitos e implícitos). Trabalhadores, departamentos e divisões normalmente estabelecem seus próprios objetivos também. Décadas de pesquisas mostraram que reconhecer e recompensar funcionários por atingir os objetivos estabelecidos relacionados às suas responsabilidades profissionais pode ser eficaz na melhora do desempenho.

Reconhecimento é definido como "reconhecer ou perceber que". O reconhecimento do funcionário, mais especificamente, chama a atenção a uma ação desejada ou resultado obtido no ambiente de trabalho. O desempenho de um funcionário na área melhorará quando as tarefas forem definidas e compreendidas claramente, os objetivos para seu comportamento forem estabelecidos; a atenção é voltada ao funcionário quando ele demonstra o comportamento desejado e quando recebe a recompensa esperada por isso.

O reconhecimento do funcionário, quando apropriadamente desenvolvido e consistentemente implementado, deve:

- Aumentar a frequência e qualidade de comportamentos que ajudam a empresa a funcionar bem e atingir seus objetivos
- Recompensar (psicológica, socialmente e de modo tangível) o indivíduo por seus esforços
- Motivar e incentivar outros na direção dos comportamentos desejados.

Na realidade, é isso. Queremos que funcionários façam o que devem fazer consistentemente, com mais frequência e com qualidade. *O propósito principal das atividades de reconhecimento é chamar a atenção para comportamentos e resultados desejados e recompensá-los.* E quando é para isso que o propósito do reconhecimento é usado, fluem bons resultados.

Infelizmente, alguns tentaram usar o reconhecimento para alcançar resultados para os quais ele não foi desenvolvido (e não faz bem). Por exemplo: líderes não deviam tentar usar um programa de reconhecimento de funcionário para fazer o indivíduo sentir-se valorizado, criar interações positivas na equipe, ou melhorar relacionamentos entre pares. O reconhecimento não foi desenvolvido para isso e, portanto, tais resultados normalmente não ocorrem como consequência de recompensar funcionários por atingir metas de desempenho.

Um ponto importante a observar é que a maioria dos programas de reconhecimento do funcionário usa algum presente tangível (normalmente dinheiro) como principal, se não a única, recompensa pelo cumprimento de metas. Se por um lado, é altamente improvável que um funcionário recuse um prêmio em dinheiro, pesquisas mostram que na verdade, dinheiro não é o melhor motivador para o alto desempenho.[1,2]

Na verdade, após fazer o discurso de abertura na conferência anual da *Recognition Professionals International (Profissionais de reconhecimento internacional)*, um grande amigo e colega, Roy Saunderson, fundador da organização, disse-me que muitos no mundo dos recursos humanos e reconhecimento ainda estão presos, principalmente, na crença de que prêmios (presentes) são o principal motivador do desempenho, apesar das pesquisas mostrarem claramente que esse não é o caso. Roy declarou:

"Muitas pessoas na verdade não pensam sobre a diferença entre reconhecimento e valorização — elas estão presas à ideia de que funcionários querem coisas e, por conseguinte, empresas desperdiçam milhões de dólares dando coisas que as pessoas, na verdade, não querem."

Como declarei anteriormente, descobrimos que menos de 10% dos funcionários escolheram receber presentes como a forma principal pela qual querem que lhes seja demonstrada valorização pelo que fazem. Parece que os líderes caem facilmente na armadilha de ver pessoas como máquinas de produção (coloque uma moeda e ela começa a trabalhar); ou, pior, ratos atraídos pelo queijo.

ENTENDENDO O QUE É VALORIZAÇÃO E PARA O QUE SERVE

Reconhecimento e valorização são diferentes. Enquanto o reconhecimento foca no desempenho, a valorização pode significar "entender o valor ou importância de (algo ou alguém); admirar e valorizar; ou ser grato por algo". Embora a valorização possa *incluir* um ato de reconhecimento, a verdadeira valorização de alguém vem de uma fonte mais profunda — flui quando temos apreço por alguém.

Portanto, os objetivos do reconhecimento e da valorização são diferentes. *O principal propósito da valorização é comunicar e afirmar o valor de um indivíduo.* Importantíssimo: valorização de um colega *nem* sempre está diretamente relacionada ao desempenho no trabalho. Quer dizer, descobrimos que colegas de trabalho podem valorizar algo sobre um membro de sua equipe, e comunicar valorização a ele, mesmo que essa pessoa não tenha um grande desempenho.

Para ser honesto, isso enlouquece alguns supervisores e gerentes. Mas permita-me dar alguns exemplos concretos. Você dá mais valor a trabalhar com alguém alegre do que com quem é sempre rabugento e negativo? Ou, você valoriza um membro da equipe que mantém a calma em meio a uma acalorada reunião, e que não responde de forma a aumentar a intensidade da "discussão"? Nenhuma dessas características pode estar relacionada diretamente ao nível de desempenho, mas são atributos valiosos.

Assim, o objetivo da valorização autêntica inclui transmitir um sentido de valor aos indivíduos, ajudando os integrantes da equipe no desenvolvimento de relacionamentos encorajadores e solidários, e auxiliando a organização a ser capaz de alcançar seus objetivos.

O QUE É MELHOR?

Alguns podem perguntar: "O que é melhor: reconhecimento ou valorização?". A resposta é: depende. Se o foco deve ser o reconhecimento ou a valorização *depende* de quais são seus objetivos e do que está tentando realizar. Esses objetivos variam amplamente. Entre eles:

- Ganhar o máximo de dinheiro o mais rápido possível.
- Fornecer bens e serviços que os clientes querem ou desejam, ao menor custo possível.
- Fornecer bens de qualidade e serviços valiosos aos seus clientes de forma consistente com seus valores fundamentais.
- Viver de acordo com esses valores fundamentais, acreditando que pode reunir outros com perspectivas semelhantes para mudar como as coisas normalmente são feitas.

Objetivos não são inerentemente bons, melhores ou ótimos. Os objetivos de um indivíduo ou organização estão enraizados e crescem a partir de seus valores — o que é importante para eles. Na verdade, às vezes, uma mesma pessoa dará uma resposta diferente, dependendo das circunstâncias. Se sua empresa está lutando para sobreviver financeiramente, é melhor enfatizar o aumento da produção, ou não haverá funcionários a se valorizar.

Por outro lado, se a comunidade vivenciou um evento significativamente traumático, como um desastre natural, estar exageradamente concentrado na produtividade e não comunicar que você se sente grato por seus funcionários estarem bem, não será uma boa iniciativa para inspirar lealdade.

Os melhores resultados em uma organização ocorrem quando o foco é "ambos/e" ao invés de "ou/ou". Quem não gostaria de um alto nível de produtividade *e* que os membros da equipe também se sentissem valorizados por seus gerentes e pelos colegas?

Apenas o reconhecimento fará sentido para alguns líderes. Se a liderança estiver somente focada na produtividade e lucratividade, os líderes provavelmente não verão como se encaixa a valorização, mesmo que, ajudar os funcionários a se sentirem valorizados, provavelmente facilitará que a empresa atinja tais objetivos. Ou, infelizmente, alguns vejam os benefícios, mas tentem usar a valorização apenas como uma ferramenta de manipulação a fim de aumentar a produtividade (o que, em última análise, não funciona).

A questão? Dependendo dos valores fundamentais de um líder ou organização, suas metas para a empresa, e como buscam atingir tais metas, *entender como os propósitos do reconhecimento e os objetivos da valorização diferem, ajudará os líderes a fazer escolhas melhores sobre se, como e quando usar cada pacote de atividades.*

> **Quem não gostaria de um alto nível de produtividade e que os membros da equipe também se sentissem valorizados por seus gerentes *e* pelos colegas?**

O segredo é combinar a atividade certa com suas respectivas metas. Atividades de reconhecimento que são bem pensadas, planejadas e implementadas, podem aumentar significativamente o desempenho da maioria dos funcionários.

Trabalhei com empresas utilizando programas de reconhecimento baseado em desempenho bem estruturados, que recompensam a atividade produtiva e apoiam e encorajam consistentemente serviços de qualidade aos clientes, além de também gerar receita. Apesar disto, essas empresas normalmente tinham um problema de motivação profissional, porque as pessoas eram reconhecidas e recompensadas somente quando atingiam ou ultrapassavam suas metas de produção. Elas não se sentiam valorizadas como pessoas. Fomos capazes de corrigir isso, conduzindo equipes através do processo de treinamento de

Valorização no Trabalho, ajudando-os a comunicar valorização *em parceria com* seus bem-sucedidos programas de reconhecimento por desempenho.

Além disso, a valorização pode melhorar e auxiliar na produtividade. Comunicar valorização autêntica a um colega na forma que lhe é significativa, pode encorajá-lo a se apegar a isso, e melhorará a qualidade de seu relacionamento com ele. Eu mesmo vivenciei isso. Nossa empresa estava em meio a uma revisão do website e upgrade tecnológico. Como é o caso às vezes (estou sendo bondoso com nossos amigos de programação), enfrentamos alguns tropeços no caminho, incluindo interrupção do serviço aos nossos clientes (o website não funcionava, nem a aba de Contato), a revisão ultrapassou o orçamento e o lançamento foi feito muitas semanas após o previsto. Em determinado momento, eu não tinha certeza do prejuízo que nosso negócio teria. Estava cansado e desencorajado. Um dos membros de minha equipe percebeu meu desânimo e comunicou algumas palavras de incentivo bem específicas sobre mim e sobre a situação. (Minha linguagem primária de valorização? Palavras de Afirmação — e ele sabia disso.) Imediatamente me senti melhor, e estava pronto para seguir trabalhando no problema. E minha lealdade a ele, como amigo, cresceu.

INCOMPATIBILIDADES

Tentar usar valorização ou reconhecimento com o propósito errado não funcionará, e é bem provável que tenha resultados negativos. Em muitos casos, é isso o que tem acontecido no mundo do reconhecimento do funcionário.

Atividades de reconhecimento de funcionário são projetadas para recompensar comportamentos desejados ou atingir metas de desempenho. Não foram originalmente criados para ajudar indivíduos a sentirem-se valorizados em nível pessoal. Infelizmente, com frequência, o reconhecimento é incorretamente descrito à liderança de uma empresa como algo que promoverá um sentimento de valorização, melhora no relacionamento dos funcionários, e a criação de um ambiente de trabalho positivo. O problema é: o reconhecimento orientado para o desempenho *não* oferece esses objetivos pessoais e relacionais. É por isso que tantos funcionários acabam desconfiando de programas de reconhecimento voltados para a empresa como um todo.

Amigos e participantes de nosso treinamento de Valorização no Trabalho, relatam:

"Apesar de ter recebido um prêmio, ofendi-me com o processo, porque a pessoa que me entregou o prêmio disse que eles me valorizam. Eles nem me conhecem! Não poderiam ter me distinguido no meio da multidão. E não têm ideia do que eu faço realmente. Foi uma enganação."

O inverso também pode ser verdadeiro. Quando a valorização é comunicada para afirmar o valor de um indivíduo sem levar em conta seu comportamento no trabalho, se instala a estranheza. Valorizar algum traço de caráter que uma pessoa demonstra, mesmo não estando relacionada ao trabalho, pode ser conveniente. Por exemplo, podemos nos alegrar com um colega e elogiá-lo por ficar numa boa colocação na meia maratona do fim de semana. Isso, normalmente, é bom. Porém, se a comemoração e o debate prosseguem por meia hora, enquanto a pessoa está atrasada com seu trabalho, não faz sentido. Crescerá o ressentimento entre outros membros da equipe que estão trabalhando arduamente para realizar suas tarefas, enquanto *vocês* conversam sobre o desempenho de corrida de Jane.

RECONHECIMENTO E VALORIZAÇÃO:
Entendendo seus propósitos

Começamos este capítulo discutindo problemas relativos a desempenho. Lidar com funcionários cujo nível de desempenho em sua função varia, pode tornar desafiadora a comunicação da valorização. Isso se torna ainda mais complicado dentro de ambientes de trabalho que têm fortes programas de reconhecimento baseados em desempenho.

Lembre-se de que uma diferença fundamental entre reconhecimento de funcionário e valorização autêntica é o fato de que cada um tem um propósito diferente. A meta principal do reconhecimento é *chamar a atenção e recompensar comportamentos e resultados desejados*. Embora ações usadas em programas de reconhecimento e valorização possam parecer semelhantes, o objetivo da valorização é diferente: *comunicar e afirmar o valor do indivíduo*.

Usando a analogia das plantas: algumas devem *produzir* (como milho e macieiras) enquanto outras têm um propósito diferente — fornecer sombra, proteger contra o vento, ou apenas embelezar o ambiente. Usar o reconhecimento para as atividades focadas na produção e aplicar valorização a situações em que o encorajamento e apoio são necessários, trará os melhores resultados para todos os envolvidos.

Trabalhar para garantir que executivos, gerentes, profissionais de RH, supervisores e funcionários entendam que o propósito de cada conjunto de atividades é diferente, ajudará a facilitar o uso das atividades corretas para os resultados desejados.

PERGUNTAS PARA REFLEXÃO

Que tipo de problemas de desempenho de funcionário cria os maiores desafios para você?

Você acha difícil comunicar a valorização a funcionários com alto desempenho de forma que não esteja relacionada a isso? Por quê?

Quando pensa sobre os funcionários solidamente medianos em sua empresa, como um programa de reconhecimento, que foca em alto desempenho, os afeta (ou pode afetar)?

Que desafios lhe vêm à mente quando pensa em tentar comunicar valorização a membros da equipe (em qualquer nível) por características que não estão diretamente relacionadas ao seu desempenho profissional?

Você já foi elogiado (ou elogiou alguém) por uma atitude ou característica pessoal que não está ligada diretamente às suas responsabilidades profissionais? Como foi essa experiência para você?

Você tem alguma dificuldade em ver as diferenças entre reconhecimento e valorização conforme estão descritas nesse capítulo? Por que você acha importante fazer essa distinção?

Pensando em seu ambiente de trabalho, dê um exemplo de quando pode ser melhor usar o reconhecimento por desempenho. Quando pode ser melhor demonstrar valorização pela pessoa em si?

Você vivenciou (ou observou) uma situação onde o reconhecimento por desempenho foi confundido com valorização em nível pessoal? Ou quando a valorização pessoal foi comunicada sendo que o reconhecimento por desempenho era mais apropriado? Qual foi o resultado?

COMENTÁRIOS FINAIS

Existem ambientes de trabalho vibrantes — ambientes de trabalho abastecidos por energia positiva; interações interpessoais honestas ligadas à valorização e ao encorajamento; funcionários motivados por seu engajamento pessoal com a missão da organização; culturas de trabalho caracterizadas pela confiança, lealdade e compromisso. Elas estão espalhadas pelo continente e pelo mundo, e encontradas virtualmente em qualquer tipo de indústria.

Porém ambientes de trabalho saudáveis e prósperos não acontecem do nada. Eles são o resultado do vislumbre do que pode ser, desenvolvimento de um plano sobre como buscar o objetivo, e comprometimento de recursos para colocar o plano em ação. Apenas desejar que alguma coisa aconteça, não funciona.

Nem um ambiente de trabalho vibrante é desenvolvido rapidamente — pelo menos, não um que dure. Ações podem ser tomadas para criar a *aparência* de uma cultura positiva. Porém, são como sementes que crescem rápido, florescem e ficam bonitas por um curto período de tempo, não têm um sistema de raízes para durar mais do que uma estação, ou enfrentar qualquer tipo de circunstâncias difíceis, por isso morrem e deixam vazio e estéril o espaço que ocupavam. Um ambiente de trabalho próspero e favorável é o resultado de uma série de ações, grandes e pequenas, tomadas ao longo do tempo.

Trabalhando com inúmeros líderes e organizações, observei dois padrões que não levam a lugar algum:

- Tentativas de *começar* implementando um plano abrangente em toda a organização (o que nunca decola, morrendo no lodo das reuniões burocráticas).
- Indivíduos (ou pequenos grupos) tentando criar uma mudança em larga escala por conta própria, sem incluir, em algum momento, influenciadores importantes dentro da organização.

Então, o que você faz? Começa *por algum lugar.* Faz *alguma coisa.* Normalmente, mais cedo é melhor do que mais tarde, assim como é, incluir mais alguém (ao invés de apenas agir exclusivamente por conta própria). Então, como começou sua jornada e está em seu caminho, você pode encontrar outros para fazer planos mais encorpados.

Estou animado sobre a onda de interesse que vejo entre líderes e funcionários que querem aprender a tornar ambientes de trabalho mais saudáveis e positivos. E estou convencido de que aplicar a informação apresentada aqui o ajudará a alcançar seu objetivo de tornar o ambiente de trabalho verdadeiramente vibrante. Floresça!

FAQS
PERGUNTAS FREQUENTES

FAQ #1
Existe algum momento em que você não deve tentar comunicar valorização?

Claro! Se por um lado sabemos que coisas boas acontecem quando funcionários se sentem valorizados, comunicar valorização à equipe não é um milagre que cura todas as feridas.

Algumas vezes, supervisores bem-intencionados (e, às vezes, líderes que não querem ter o duro trabalho de lidar com problemas) tentam usar a valorização como um curativo para questões mais profundas que precisam ser abordadas. Porém, na verdade, há cinco grupos de circunstâncias — alguns absolutamente perturbadores — onde a valorização não deveria ser a primeira ação a ser tomada:

1. Funcionários não estão recebendo salários regularmente.
Certa vez fui chamado a treinar a equipe de uma organização sem fins lucrativos sobre como demonstrar valorização uns aos outros. Ao longo do treinamento, as pessoas a quem me dirigia estavam bem passivas e difíceis de se engajar. Alguns dias mais tarde,

descobri que elas não recebiam seus salários regularmente há três meses! Não admira que estivessem desinteressadas! Sem honrar sua parte no acordo de pagar seus funcionários pelo seu trabalho, nenhuma valorização importará.

2. Outros funcionários foram demitidos recentemente.
Quando uma organização acabou de passar por uma redução de equipe, múltiplos problemas permanecem. Os funcionários que ficaram estão processando muitas emoções:

- Alívio por não ter perdido seu emprego.
- Culpa por ainda ter um emprego, enquanto que alguns de seus amigos não o têm mais.
- Prolongada ansiedade sobre se haverá mais demissões ou se a organização continuará a existir.
- Raiva sobre como as demissões aconteceram (quem foi demitido e quem não foi).
- Frustração porque acreditam que outras questões deveriam. ter sido resolvidas (ou ainda precisam ser) para que a empresa funcione bem.

3. Funcionários estão sendo pagos muito abaixo da média.
Isso pode incluir reajustes, aumentos ou bônus que foram suspensos. Para a maioria dos funcionários, receber pagamento financeiro apropriado por seu trabalho é fundamental para ter a sensação de estar sendo tratado com justiça. Se por um lado é verdade que muitos funcionários tendem a supervalorizar sua própria contribuição, e acreditam que deveriam receber mais, há circunstâncias claras onde fica óbvio que a equipe é realmente mal paga, se comparada aos seus pares no mercado.

Até que essas questões sejam corrigidas, a valorização soará como um substituto barato, uma vez que a organização não está comunicando valor aos funcionários, pagando-os apropriadamente.

4. Existe significativa insegurança no emprego.
Embora funcionários possam ser gratos por terem um emprego, quando as condições estão instáveis na economia em geral, em seu setor da indústria, ou em sua empresa, eles têm preocupações realistas sobre se continuarão ou não empregados no futuro. Assim, comunicar valorização cairá no vácuo.

Tentar dizer "valorizamos você" enquanto deliberações são tomadas sobre dispensar pessoas, é um exemplo flagrante de insinceridade.

5. Funcionários têm questões sérias e válidas sobre a confiabilidade da administração.
Houve momentos em que a administração lidou mal com situações ou com a comunicação, resultando em desconfiança. Se a administração foi pega (ou percebida como sendo pega) em atos que refletem falta de integridade (por exemplo, questões de manuseio de lixo tóxico), qualquer tipo de valorização trará ceticismo e cinismo antes que possa ocorrer qualquer reação positiva.

O que fazer?
Se sua organização está no meio dessas situações (ou prestes a estar), é melhor colocar em compasso de espera algum plano de implementação de qualquer demonstração de valorização.

Ao invés disso, *lide com as questões mais importantes e subjacentes*. Pague sua equipe. Permita que os funcionários se curem depois de ocorrerem demissões. Faça o que puder para criar mais estabilidade no emprego (e comunique isso aos trabalhadores). Diga a verdade. Aja com integridade. Tome medidas para reconquistar a confiança de seus funcionários.

Então, quando as águas estiverem calmas, reexamine se é realmente o momento certo para comunicar o quanto você valoriza e aprecia aqueles que ainda estão em sua equipe.

FAQ #2
Sua linguagem primária de valorização muda com o tempo ou com mudança de circunstâncias?

Uma pergunta comum (e razoável) é "A linguagem de valorização de preferência de um indivíduo muda com o tempo?" De um ponto de vista conceitual, o Dr. Chapman afirmou consistentemente sua crença de que a linguagem primária de *amor* de um indivíduo nos relacionamentos pessoais é altamente estável ao longo do tempo.[1]

De modo semelhante, acredita-se que a linguagem primária básica de valorização geralmente se mantém a mesma ao longo do tempo. Na verdade, conduzimos uma pesquisa em uma instituição de ensino privada e descobrimos que as linguagens de valorização primárias, secundárias e menos estimadas dos indivíduos foram altamente estáveis durante um curto período de tempo.

Porém, parece que pode haver circunstâncias que influenciam a maneira como as pessoas desejam receber valorização, pelo menos por curtos períodos de tempo. Um cenário: quando um funcionário tem um supervisor altamente verborrágico que o elogia frequentemente, palavras de afirmação podem se tornar menos significativas para ele (semelhante a estar com muita sede, beber muita água e então ficar querendo outra coisa para beber). O funcionário pode querer que a valorização seja comunicada de formas diversas por um tempo.

Segundo: quando indivíduos estão passando por um período de intensas demandas e estresses em suas vidas (no trabalho ou na vida pessoal), o Tempo de Qualidade e Atos de Serviço frequentemente "saltam" como formas mais desejadas de valorização e encorajamento. Isso parece estar, pelo menos parcialmente, relacionado à cultura, uma vez que na maior parte da cultura norte-americana, quando alguém está passando por muito estresse, parar um tempo para escutar e/ou oferecer ajuda prática são as maneiras mais comuns de demonstrar apoio.

O que descobrimos, entretanto, é que quando a situação estressante passa, a forma desejada do indivíduo de receber demonstração de valorização volta à fundação de sua linguagem primária de valorização. A questão da estabilidade de *longo prazo* da linguagem preferida de valorização de um indivíduo é ainda desconhecida. Há algumas evidências anedóticas de que alguns indivíduos acreditam que sua forma preferida de ser valorizado mudou ao longo de diferentes estágios da vida — por exemplo, de quando estavam no início da carreira, para quando estavam mais estabelecidos e tinham responsabilidades de supervisão.

FAQ #3
Há realmente diferenças entre *As cinco linguagens de valorização pessoal no ambiente de trabalho* e *As cinco linguagens do amor*?

O fundamento para *As cinco linguagens de valorização pessoal no ambiente de trabalho*[2] e para o Inventário de Motivação Através da Valorização[3] é baseado no trabalho feito pelo Dr. Gary Chapman e seu livro *As cinco linguagens do amor*, que foca em relacionamentos pessoais.

Embora as linguagens discutidas nos dois livros sejam as mesmas (no nome), a aplicação e expressão das linguagens no ambiente de trabalho é normalmente bem diferente do que nos relacionamentos pessoais.

O Dr. White e o Dr. Chapman concordaram em colaborar na exploração de como as cinco linguagens poderiam ser aplicadas em relacionamentos profissionais, focando inicialmente em identificar o conceito e termo paralelos que espelhariam a ideia de "amor" em relacionamentos pessoais. Por fim eles concordaram que a "valorização" parecia ser o termo paralelo mais apropriado para comunicar o mérito e valor no ambiente de trabalho.

Quando um indivíduo conhece sua linguagem de amor preferida, não deveria assumir que a linguagem primária de amor em relacionamentos pessoais é a mesma que sua linguagem de valorização mais importante no ambiente de trabalho. Descobrimos que, às vezes, a linguagem primária dos indivíduos é a mesma nos dois contextos. Com mais frequência, a linguagem primária de uma pessoa em um contexto relacional (pessoal ou profissional) é uma das duas principais no outro ambiente. Por exemplo, alguém que tem tempo de qualidade como sua linguagem de amor preferida, tem grande chance de ter tempo de qualidade como uma de suas duas linguagens principais de valorização (cerca de 65% das vezes). Entretanto, dependendo de algumas questões que levantamos no livro, a linguagem primária de uma pessoa pode ser bem diferente, de acordo com o contexto relacional.

Além disso, há algumas diferenças específicas entre *As cinco linguagens do amor* e *As cinco linguagens de valorização pessoal no ambiente de trabalho*, uma vez que se aplicam a diferentes tipos de relacionamentos:

- *Normalmente há uma "posição dinâmica" associada a relacionamentos profissionais que não existe em relacionamentos pessoais.* Um relacionamento entre um supervisor/supervisionado, empregador/funcionário, ou entre dois membros de uma equipe com níveis diferentes de responsabilidade dentro da organização, claramente tem uma dinâmica relacional diferente de um relacionamento pessoal entre marido/mulher, membros da família ou amigos.
- *No geral, existe um conjunto diferente de expectativas e limites nos relacionamentos profissionais.* Relacionamentos profissionais normalmente são mais formais do que os pessoais. Há limites sociais diferentes sobre determinados tópicos de discussão, estilos de comunicação, ambientes sociais e proximidade física, dos existentes em relacionamentos com família e amigos.
- *A linguagem do toque físico apropriado é menos importante no ambiente de trabalho do que nos relacionamentos pessoais.* Toque físico apropriado é a linguagem de valorização menos importante para a maior parte das pessoas no ambiente de trabalho. Isso faz sentido — como mencionado, o ambiente

de trabalho funciona com mais limites, e mesmo o toque físico apropriado não é desejado por muitos no ambiente de trabalho. Porém demonstrações espontâneas e comemorativas ("toca aqui", tapinha nas costas) são bem comuns entre colegas de trabalho e são uma parte positiva importante em relacionamentos profissionais.

- *Tipos diferentes de tempo de qualidade são valorizados no ambiente de trabalho.* Enquanto tempo de qualidade nos relacionamentos pessoais é expresso primariamente através de atenção, outros tipos de tempo são também importantes nos relacionamentos profissionais. Isso pode incluir sair com colegas, trabalhar em tarefas em grupo, e compartilhar diferentes experiências para aprofundar os relacionamentos na equipe.

- *Ao demonstrar valorização por meio de atos de serviço no ambiente de trabalho, há condições importantes a se observar para que o ato seja valorizado por quem o recebe.* Perguntar se a outra pessoa quer ajuda, fazer o serviço da forma como quem o recebe quer que seja feito, não resgatar repetidamente um colega cujo desempenho está abaixo da média, e definir quanto tempo você terá para ajudar — todas essas condições são necessárias para que o serviço seja visto como positivo.

- *O elogio verbal na frente dos outros é usado mais no ambiente de trabalho.* Como uma linguagem de amor, palavras de afirmação tendem a ser comunicadas mais pessoalmente entre dois indivíduos. Nos relacionamentos profissionais, palavras de afirmação normalmente são comunicadas no contexto de um grupo: numa reunião de equipe, na frente de clientes, ou em uma cerimônia de premiação. Além disso, comunicações escritas por e-mail ou mensagens de texto são usadas mais significativamente em relacionamentos profissionais.

- *Os tipos de presentes diferem nos relacionamentos pessoais e profissionais.* Em relacionamentos pessoais, presentes tendem a ser coisas — objetos. Normalmente são oferecidos em celebração por uma ocasião especial — aniversário, bodas, Natal. Para muitas pessoas, o valor gasto no presente é um fator significativo. Os presentes no ambiente de trabalho representam menos a "coisa" e mais o que está por trás dela: que quem dá realmente conhece o que é importante ou valorizado por quem recebe, que passatempos ou interesses a pessoa tem — e o presente reflete esse conhecimento. E também, muitos presentes no ambiente de trabalho estão mais comumente relacionados a experiências, como ingressos para cinema, jantares ou vales-compra.

Assim como *As cinco linguagens do amor* vieram para melhorar drasticamente casamentos e amizades, *As cinco linguagens de valorização pessoal no ambiente de trabalho* estão mostrando melhorar significativamente relacionamentos entre colegas de trabalho[4] e tornando ambientes profissionais mais positivos para todos os que ali trabalham.

FAQ #4
Qual é a relação entre os estilos de personalidade DISC e as cinco linguagens de valorização?

Muitas avaliações de personalidade são usadas no ambiente de trabalho, e por diversas razões (seleção, contratação, promoção, identificação do tipo de personalidade e/ou estilo de comunicação, são algumas). Essas avaliações são bem populares e podem ser úteis tanto na melhor compreensão de si mesmo, quanto para saber como trabalhar mais eficazmente com seus colegas.

Desde o início do nosso trabalho, com frequência nos perguntam se há alguma pesquisa que ilumine as relações que possam existir entre uma linguagem preferida de valorização de um indivíduo e outras avaliações de personalidade.

Estamos bem animados com o projeto de pesquisa colaborativa que conduzimos com um dos maiores provedores e formadores do inventário de estilo de personalidade DISC, com mais de 250 participantes. Não temos espaço para fornecer um relatório completo, mas damos um breve resumo abaixo, e os resultados completos podem ser obtidos em www.appreciationatwork.com/disc.

UMA BREVE INTRODUÇÃO AO DISC

A avaliação de personalidade DISC é uma ferramenta amplamente usada em ambientes de trabalho para ajudar indivíduos a obter um melhor sentido de si mesmos e do estilo de personalidade dos outros em situações interpessoais. O nome "DISC" é derivado dos quatro estilos principais de personalidade que ele avalia: Dominância, Influência, Estabilidade [N.T.: Em inglês a palavra é *Steadiness*] e Conformidade. Existe uma série de empresas que fornecem treinamento no uso e no acesso às avaliações DISC. Uma breve descrição de cada estilo de personalidade é demonstrada no quadro da página seguinte.

ESTILO DE PERSONALIDADE	DESCRIÇÃO DO ESTILO DE PERSONALIDADE
Dominância	A pessoa coloca ênfase em alcançar resultados, objetivo, segurança
Influência	A pessoa coloca ênfase em influenciar e persuadir outros, franqueza, relacionamentos
Estabilidade	A pessoa coloca ênfase em cooperação, sinceridade, confiabilidade
Conformidade	A pessoa coloca ênfase em qualidade e precisão, perícia, competência

A pesquisa foi conduzida para explorar a relação estatística entre os quatro tipos de personalidade DISC e as Linguagens de Valorização avaliadas pelo *Inventário MAV*. Os resultados da pesquisa demonstram que não há correlação entre os estilos de personalidade DISC e qualquer uma das Linguagens de Valorização.

Falando de modo prático, isso significa que não se pode prever a linguagem preferida de valorização de uma pessoa a partir de seu estilo de personalidade DISC. De igual modo, ninguém pode predizer com exatidão o estilo de personalidade de uma pessoa a partir de sua linguagem de valorização.

Entretanto, parece que saber o estilo de personalidade DISC de uma pessoa, dá à outra a habilidade de melhor prever pelo que seu colega prefere ser valorizado. Por exemplo, uma pessoa com alto índice de estilo de personalidade D, vai querer ser valorizado por *diferentes tipos de ações e comportamentos* (por exemplo, assumir o controle de uma situação), mais do que uma pessoa com um dos outros estilos de personalidade. (Essa questão está explicada à fundo no relatório completo.)[5]

O resultado mais importante

O fato de o DISC e as cinco linguagens de valorização avaliarem elementos totalmente independentes, tem implicações significativas para os líderes e organizações. Muitos usam o DISC para ajudá-los a entender o estilo de personalidade de uma pessoa para melhor se comunicar com ela, para entender como pensa sobre as situações, seu processo de tomada de decisão, e o que ela valoriza. Essa informação ajuda seus colegas a trabalhar em equipe com mais eficácia. Por outro lado, a informação fornecida pelo *Inventário MAV* dá informações específicas aos líderes e colegas sobre como melhor demonstrar valorização, encorajar e apoiar os membros de sua equipe de modo eficaz e que possa ser percebido como autêntico (*versus* o genérico e impessoal). Portanto, utilizar as cinco linguagens de valorização é fundamental para ajudar os integrantes da equipe com quem trabalhou duro para que funcionem eficazmente como parte do grupo.

Em resumo, o DISC pode fornecer informações valiosas na seleção e incorporação bem-sucedida de novos funcionários dentro de seus respectivos grupos de trabalho, enquanto que o *Inventário MAV* fornece informação importante sobre como manter membros importantes da equipe engajados e empregados. Quando utilizados juntos, o DISC e o *Inventário MAV*, fornecem informações colaborativas sobre *como* comunicar eficazmente valorização e *pelo que* os colegas querem ser valorizados.

EBOOK E RECURSOS ADICIONAIS GRATUITOS

Meu objetivo é fornecer a líderes e organizações a maior quantidade possível de recursos para ajudar no sucesso de se tornarem ambientes de trabalho vibrantes. Há uma série de outros artigos, vídeos, materiais de treinamento e recursos que criei, e continuo a criar o tempo todo. Porém, em um livro, em determinado momento, você precisa dizer (e o editor diz): "Chega!" Então terminamos aqui o conteúdo fornecido neste livro, mas quero oferecer a você um conteúdo GRATUITO adicional eletronicamente. Há duas formas: primeiro, através do eBook que desenvolvi, que lhe dará acesso a uma série de artigos sobre diversos tópicos e questões práticas para a aplicação da valorização autêntica no ambiente de trabalho; e segundo, através de nosso website, www.appreciationatwork.com, onde fornecemos acesso a vídeos educativos, mais de 100 artigos, e outros recursos que você pode explorar (materiais de treinamento, auxílios visuais a serem usados no local de trabalho etc.). Os tópicos incluem como (ou se) comunicar valorização durante o Dia de Ação de Graças, Natal, Ano Novo, Dia dos Namorados, Dias de Avaliação de Funcionários, Dia do Chefe e, virtualmente, cada circunstância especial que surge no ambiente de trabalho.

Para receber seu eBook GRATUITAMENTE, *Communicating Appreciation in Special Circumstances: Holidays, Appreciation Days, and Other Awkward Situations* (Comunicando valorização em ocasiões especiais: Feriados, Dias de Avaliação e outras Situações Constrangedoras), envie um e-mail para ebook@thevibrantworkplace.com, com o texto "Vibrant Workplace free eBook" no campo do assunto, e enviaremos uma cópia para você (uma para cada endereço de e-mail).

NOTAS

Introdução

1. Stacia Sherman Garr, "The State of Employee Recognition in 2012", *SHRM Globoforce* (Junho, 2012).
2. Rainer Strack, Carsten von der Linden, Mike Booker, e Andrea Strohmayer, "Decoding Global Talent—200,000 Survey Responses on Global Mobility and Employment Preferences", *Boston Consulting Group Survey* (Outubro, 2014).
3. "Employee Appreciation Survey ", Glassdoor (Novembro, 2013), https://www.glassdoor.com/press/employees-stay-longer-company-bosses-showedappreciation-glassdoor-survey/.
4. "The Year's Most Absurd Excuses for Calling- in Sick", CareerBuilder (Harris Poll, 2014), http://www.careerbuilder.com/share/aboutus/pressreleasesdetail.aspx.
5. Amy Adkins, "Majority of Employees Not Engaged Despite Gains in 2014", *Gallup* (Janeiro/2015), http://www.gallup.com/poll/181289/majorityemployees-not-engaged-despite-gains-2014.aspx.
6. Teresa A. Daniel e Gary S. Metcalf, "The Fundamentals of Employee Recognition", *SHRM White Paper* (Maio, 2005).

Capítulo 1. Seus líderes não estão interessados

1. Teresa A. Daniel e Gary S. Metcalf, "The Fundamentals of Employee Recognition," *SHRM White Paper* (Maio, 2005).
2. T. A. Judge, R. F. Piccolo, N. P. Podsakoff, J. C. Shaw, e B. L. Rich, "The Relationship between Pay and Job Satisfaction: A Meta-Analysis of the Literature", *Journal of Vocational Behavior 77*, no. 2 (2010): 157–67.
3. Edward L. Deci, Richard Koestner, e Richard M. Ryan, "A meta-analytic review of experiments examining the effects of extrinsic rewards on intrinsic motivation", *Psychological Bulletin 125*, no. 6 (Novembro, 1999): 627–68, http://dx.doi.org/10.1037/0033-2909.125.6.627.
4. Yoon Jik Cho e James Perry, "Intrinsic Motivation and Employee Attitudes: Role of Managerial Trustworthiness, Goal

Directedness, and Extrinsic Reward Expectancy," *Review of Public Administration* (Novembro, 2011). doi:10.1177/0734371X11421495.
5. Thomas Chamarro-Premuzic, "Does Money Really Affect Motivation? A Review of the Literature", *Harvard Business Review*, http://hbr.org/2013/04/does-money-really-affect-motiv.
6. Martin Dewhurst, Matthew Guthridge, e Elizabeth Mohr, "Motivating People: Getting Beyond Money", *McKinsey Quarterly* (Novembro, 2009).
7. Sami Abbasi e Moncef Belhadjali, "A Closer Look at Millennials at Work: A Literature Review", *International Journal cf Humanities and Social Science Review 2*, no. 4 (Junho, 2016).
8. Rick Maurer, *Beyond the Wall of Resistance* (Austin, TX: Bard Press, 2010).
9. Veja www.appreciationatwork.com/aawrs.

Capítulo 2. Duas grandes perguntas que supervisores fazem

1. Rex Huppke, "Chicago's Top Workplaces", *Chicago Tribune* (Novembro, 2013).
2. Rainer Strack et al, "Decoding Global Talent—200,000 Respostas a pesquisa sobre Mobilidade e Preferências de Emprego", *Boston Consulting Group Survey* (Outubro, 2014).
3. Leigh Branham, *The 7 Hidden Reasons Employees Leave: How to Recognize the Subtle Signs and Act Before It's Too Late* (New York: AMACOM, 2005), 24.
4. R. A. Emmons and Michael McCullough, "Counting Blessings Versus Burdens: An Experimental Investigation of Gratitude and Subjective Well-Being in Daily Life", *Journal of Personality and Social Psychology 11*, no. 1 (Fevereiro, 2003): 52–60.
5. Roland Zahn, Jorge Moll, Mirella Paiva, Griselda Garrido, Frank Krueger, Edward Huey, Jordan Grafman, "The Neural Basis of Human Social Values: Evidence from Functional MRI", *Cerebral Cortex 19*, no. 2 (Fev. 2009): 276–83.
6. Alex Korb, "The Grateful Brain", *Psychology Today* (Novembro, 2012), https://www.psychologytoday.com/blog/prefrontal-nudity/201211/the-grateful-brain.

Capítulo 3. Por que programas de reconhecimento não funcionam?

1. Teresa A. Daniel e Gary S. Metcalf, "The Fundamentals of Employee Recognition", *SHRM White Paper* (Maio, 2005).

2. Amy Adkins, "Employee Engagement in U.S. Stagnant in 2015", Gallup (Janeiro, 2016), http://www.gallup.com/poll/188144/employee-engagementstagnant-2015.aspx.
3. Jim Collins, Empresas feitas para vencer — *Good to Great* (Rio de Janeiro: HSM, 2013).

Capítulo 4. Negatividade
1. Kimberly Schaufenbuel, "Motivation on the Brain — Applying the Neuroscience of Motivation in the Workplace", UNC Kenan Flagler Business School, 2015.
2. Michael Miller, ed., "In Praise of Gratitude", Harvard Mental Health Letter 28, no. 5 (Novembro, 2011).
3. Jennifer Robison, "In Praise of Praising Your Employees", Business Journal (Novembro, 2006), http://www.gallup.com/businessjournal/25369/praise-praisingyour-employees.aspx.

Capítulo 5. Sobrecarga
1. Visite www.mbainventory.com para maiores informações.
2. Leigh Branham, *The 7 Hidden Reasons Employees Leave: How to Recognize the Subtle Signs and Act Before It's Too Late* (New York: AMACOM, 2005), 24.

Capítulo 7. Pessoas são diferentes — Mas as tratamos da mesma forma
1. Daniel Goleman. "Three Kinds of Empathy: Cognitive, Emotional, Compassionate", (Junho, 2007), www.danielgoleman.info/three-kinds-of-empathycognitive-emotional-compassionate/.

Capítulo 8. A valorização pode atravessar culturas?
1. Erin Meyer, *Culture Map: Breaking Through the Invisible Boundaries of Global Business* (New York: Public Affairs, 2014).

Capítulo 9. Colegas difíceis de valorizar
1. Paul White, Gary Chapman, e Harold Myra, *Não aguento meu emprego: Como viver bem num ambiente de trabalho que faz mal* (São Paulo: Mundo Cristão, 2016).

Capítulo 10. Questões de desempenho: baixos resultados, altos resultados e tudo o que fica na média

1. Thomas Chamarro-Premuzic, "Does Money Really Affect Motivation? A Review of the Literature", Harvard Business Review, http://hbr.org/2013/04/does-money-really-affect-motiv.
2. Martin Dewhurst, Matthew Guthridge, e Elizabeth Mohr, "Motivating People: Getting Beyond Money", McKinsey Quarterly (Novembro, 2009).

FAQ

1. Gary Chapman, *As cinco linguagens do amor* (São Paulo: Mundo Cristão, 2013).
2. Gary Chapman e Paul White, *As 5 Linguagens da Valorização pessoal no ambiente de trabalho* (São Paulo: Mundo Cristão, 2012).
3. Paul White, o *Inventário de Motivação através da Valorização*, www.mbainventory.com.
4. Paul White, "Appreciation at Work training and the Motivating by Appreciation Inventory: development and validity", *Strategic HR Review 15*, no. 1 (Janeiro, 2016).
5. Paul White, "The Relationship between the DISC Personality Assessment and the 5 Languages of Appreciation", *Training* (Novembro, 2016).

AGRADECIMENTOS

Sou grato por não precisar completar tarefas sozinho. Se tivesse, não seriam realizadas, finalizadas no prazo, e a qualidade seria muito mais baixa! Muitas pessoas me ajudaram de várias maneiras a completar *O ambiente de trabalho vibrante.*

Primeiro e acima de tudo, minha esposa, Kathy, tem sido a força constante da qual posso depender — dialogando sobre ideias, revisando esboços iniciais, me encorajando, e fazendo todas aquelas pequenas coisas que me permitem concentrar meu tempo e energia na escrita. Sem ela, este livro jamais teria acontecido.

Minha equipe na Valorização no Trabalho também foi inestimável ao me fornecer informações e *feedback* sobre ideias, redação e como o conteúdo os alcançou (em especial os da Geração-Y!), assim como ajuda prática e logística no dia a dia. Obrigado a: Debi Abood, Nevi Castro-Miller, Erin Ellsworth, Tim Hepner, Seth Michelson, Michele Thiessen e Becky Rogers. E uma nota especial de agradecimento em memória de Barbara Bath, uma adorável e alegre integrante da equipe que perdemos subitamente no meio do projeto.

A todos aqueles que compartilharam suas histórias e deram informações valiosas sobre configurações específicas dos ambientes onde trabalham, sou grato pelas sugestões práticas que vocês forneceram. Sei que outros em seus campos serão encorajados por suas informações. Obrigado a: Dan Agne, Brian Henry, Katy Henry, Michelle Hepner, Kathy Schoonover-Shoffner, Richard Shoffner, Caroline White, Nathan White, Terry Williams e Kim Yearyean.

Além disso, recebi valiosas informações de nossos parceiros que compartilham a valorização autêntica com organizações internacionalmente. Acho esse aspecto de nosso trabalho fascinante, desafiador e encorajador — tudo simultaneamente. Obrigado pelo trabalho que estão fazendo, e me permitindo aprender com vocês: Rengin

Akkemik, Paul Choi, Anita Fevang, Sofie Halkjær, Jasmine Liew, Pat McGrath, Caroline Rochon, Roy Saunderson, Liselotte Søndergaard e John Sung.

Por fim, sou grato ao apoio profissional que recebi ao longo dos anos do Dr. Chapman e da equipe da Northfield Publishing. Sem a confiança, apoio, orientação e encorajamento de Gary, nada desse nosso trabalho para melhorar relacionamentos no ambiente profissional jamais teria acontecido. Para John Hinkley, Betsey Newenhuyse, Zack Williamsom e o restante da equipe da Northfield, vocês forneceram os canais para que eu impactasse centenas de milhares de funcionários, gerentes e ambientes de trabalho. Sou profundamente agradecido!

SOBRE O AUTOR

Paul White, PhD, é psicólogo, palestrante, consultor e coautor de três livros, incluindo o *best-seller As cinco linguagens de valorização pessoal no ambiente de trabalho* (Ed. Mundo Cristão, 2012). O Dr. White é especialista em assessorar empresas, organizações e agências governamentais a desenvolver culturas positivas no ambiente de trabalho, construir relacionamentos saudáveis e evitar padrões negativos que conduzem à toxidade. Publicado com frequência nas principais revistas sobre liderança, negócios e recursos humanos, e citado por grandes fontes da mídia, o Dr. White é palestrante em conferências e organizações em quatro continentes. Ele melhorou significantemente a vida profissional diária dentro de empresas da Fortune 100, ambientes médicos e instituições de cuidados prolongados, agências governamentais, instituições financeiras, ministérios e organizações sem fins lucrativos e indústrias em mais de 20 países. O Dr. White leva informação desafiadora, porém prática, às suas audiências e leitores de maneira equilibrada e bem-humorada. Ele também é um arborista amador e quer ser um pescador de torneios.